RECUEIL

DE QUELQUES PIECES

CONCERNANT

LES ARTS.

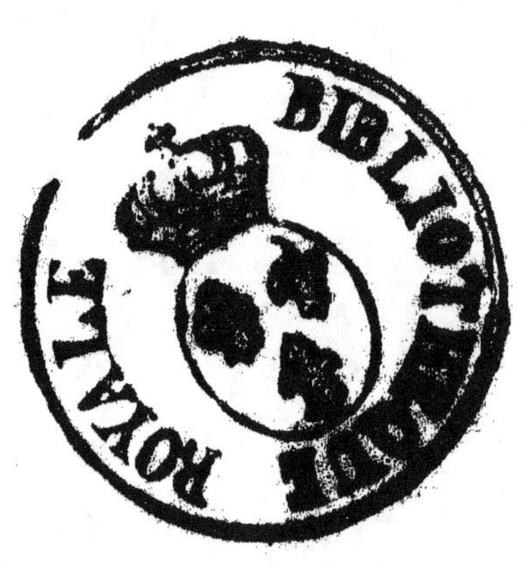

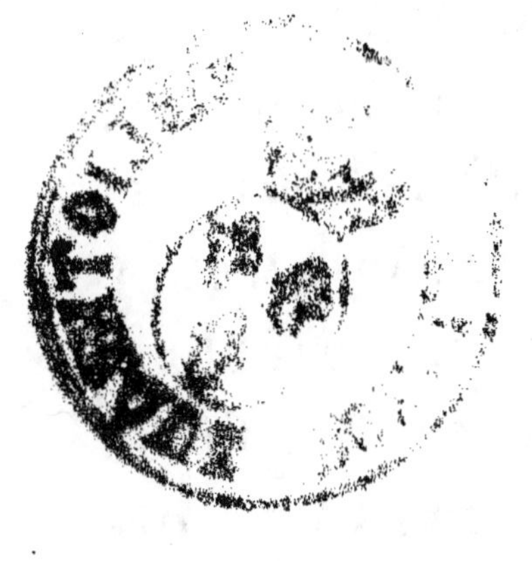

DU COSTUME

DANS LA PEINTURE.

Il s'eſt élevé depuis quelques années, des conteſtations ſur la néceſſité
de la ſcience des mœurs & des uſages des anciens, connue ſous le nom
de *coſtume*. Quelques auteurs plus
inſtruits des détails de l'hiſtoire que
de ce qui conſtitue le mérite de la
peinture, ſembloient vouloir attri-
buer uniquement à cette connoiſſance & à l'exactitude avec laquelle
l'artiſte s'y aſſujettit, le droit qu'il
peut prétendre à leur eſtime : on avoit
même lieu de croire que leur but étoit
d'y attacher preſque tout le ſublime
de cet art, & qu'un ſecret deſir de
s'ériger en juges ſouverains les portoit à vouloir perſuader que cette
ſcience particuliere leur donnoit le

A ij

droit de décider sans appel des beautés & des défauts de la peinture.

D'ailleurs, quelques artistes, en
reconnoissant l'utilité & même la
néceffité de s'affujettir en général au
coftume reçu, ne prétendoient pas
moins que l'artifte ne devoit l'adopter qu'en le fubordonnant au befoin
de l'art, & rejetter, dès qu'il étoit
gênant, tout pédantifme à cet égard.
Peut-être auroit-on pu penfer que le
befoin de juftifier leur négligence fur
ce point, les portoit à le trop déprimer. Mais il eft bon d'obferver que
ceux qui font le plus déterminés à fe
révolter contre la févérité des loix
du coftume, ne font pas ceux qui
les obfervent avec le moins d'exactitude. Il eft donc plus naturel de conclure que le motif qui les détermine
n'eft autre que l'intérêt de l'art bien
ou mal entendu.

On ne peut fe refufer à regarder
comme affez grave l'opinion de gens

qui ont confacré toute leur vie à l'étude d'un art, & dont les fuccès prouvent qu'ils en connoiffent les principes. Il eft donc queftion d'examiner quels font leurs motifs, pour fecouer un joug qu'ils femblent porter fans peine, mais dont ils ne veulent point qu'on charge les autres ni eux-mêmes avec excès, & moins encore permettre que l'on attribue effentiellement le mérite de leur art à des connoiffances fi faciles à acquérir, & qui n'exigent ni fentiment ni génie.

On ne nie point qu'un certain degré de connoiffance du coftume ne foit néceffaire à un artifte, s'il veut que fes ouvrages fatisfaffent ceux qui en font inftruits ; mais on foutient que ce n'eft qu'un acceffoire qui ne fait point partie de l'art, & que cet art peut être porté à fon plus haut degré de perfection, malgré la négligence ou même l'ignorance des

loix du coftume les plus univerfellement reçues.

Il paroît difficile de le contefter,
fi l'on confidere combien de grands
artiftes, & combien de belles chofes
font fufceptibles de repréhenfion à
cet égard. Si ie fameux P. *Veronefe*,
l'objet éternel des reproches de tous
les zélateurs du coftume ; fi *le Titien*,
le Guide, *Raphaël* lui-même & tous
les plus grands maîtres, font très-
fautifs dans l'obfervation du coftume,
& ont pris, malgré fes prétendues
loix, toutes les libertés dont ils ont
cru avoir befoin ; il en faudroit conclure que jufqu'à préfent il n'y a point
eu de grands peintres : conféquence
trop révoltante pour être hafardée.
On alléguera fans doute *le Pouffin*,
qui, dit-on, par cette raifon fut appellé le peintre des gens d'efprit. Il
eût pourtant mieux convenu de le
nommer le peintre des érudits, fi l'on
ne vouloit défigner que fon exacti-

tude à se conformer à ce que nous connoissons du costume des anciens. Mais il mérite en effet le surnom qu'on lui a donné , par l'excellence de ses talens dans la composition & dans le dessin , & par la beauté des expressions. Car c'est sur-tout en quoi il est véritablement le peintre des gens d'esprit & de sentiment.

Si donc l'art de la peinture & les autres arts ont été portés à leur perfection dans les divers mérites dont ils sont susceptibles, malgré la violation absolue des loix du costume dans la plupart , & des licences considérables dans les autres ; il sera difficile de se refuser à l'opinion de plusieurs artistes qui définissent la peinture , *l'art de rendre la nature avec vérité & avec sentiment, dans une supposition quelconque.* Selon cette définition , la supposition , que fait l'artiste, peut avoir plus ou moins de justesse, plus ou moins de rapport avec la maniere dont les chofes ont exifté, fans que pour cela les véritables talens qui conftituent l'excellence de la peinture en foient moins dignes d'admiration, fans que l'on puiffe dire que le grand artifte a manqué fon but.

Pourquoi la peinture feroit-elle plus dépendante d'une exactitude fervile que la poéfie ? Le génie, l'éloquence & tous les talens de l'efprit peuvent fe trouver dans des fictions, non-feulement où la vérité eft altérée, mais fouvent même hors de toute vraifemblance, telles qu'on en trouve quelquefois dans l'Ariofte, dans les Féeries & tant d'autres ouvrages d'imagination. Ces talens rares s'allient à des anachronifmes volontaires, tels que celui de Virgile qui fait rencontrer Enée & Didon, quoiqu'il s'en faille de quelques fiecles qu'ils aient été contemporains. La poéfie enfin admet une infinité d'autres licences

heureuses, & l'on n'a point vu jufqu'ici qu'un bel ouvrage ait été re-
jetté fous prétexte qu'il n'étoit pas
exactement conforme à ce que nous
apprend l'hiftoire. Dès-lors n'a-t-on
pas droit d'en conclure que, comme
ce n'eft point la vérité abfolue ni des
faits ni des circonftances qui les ac-
compagnent , qui fait le mérite du
poëte , mais l'art de les expofer &
d'y jetter un grand intérêt ; de même
ce n'eft ni l'exactitude ni la vérité de
la fuppofition qui fait le mérite du
peintre , mais l'art de la rendre,
quelle qu'elle foit , avec les vérités
relatives & les beautés qu'elle exige
pour être remplie ?

On a toujours défini la peinture,
une poéfie muette. Elle ne parle en
effet qu'aux yeux : ce qu'elle a de
plus effentiel eft donc ce qui parle
à tous les yeux ; c'eft pourquoi nous
ne balancerons point à mettre au premier rang les apparences de vérité

qui frappent tous les hommes ; la difpofition & l'ordonnance des objets dans leurs afpects les plus capables de plaire ; la juftefſe apparente de leurs formes ; leur couleur réelle ou relative ; les effets de la lumiere qui font paroître la faillie ou la rondeur de ces objets & les diftances qui les féparent ; & enfin dans les fujets qui en font fufceptibles, l'expreffion des paffions. Si l'on joint à tout ceci le *faire* hardi, facile & plein de feu, qui eft le fruit du génie, on aura les parties effentielles de cet art ; & c'eft leur réunion, ou même l'excellence de quelques-unes d'entr'elles, qui en conftitue le fublime. Dans tous les arts, c'eft ce que tous ceux qui font bien organifés, & jufqu'à certain point exercés, fentent toujours vivement.

Que peut ajouter à toutes ces qualités une févere exactitude dans le coftume ? Tout au plus une légere fatisfaction pour ceux qui en font inftruits. Et cette fatisfaction même n'eft point un fentiment de plaifir que l'ame puiffe éprouver avec quelque tranfport ; ce n'eft qu'un fimple effet de l'amour propre, qui fe félicite d'avoir une connoiffance de plus que le commun des hommes, & qui fait gré à l'artifte de l'avoir acquife. La vraie connoiffance des arts procure des plaifirs plus animés : elle eft le fruit d'un fentiment très-vif du beau, d'avoir vu beaucoup de belles chofes, d'y avoir trouvé des charmes, & de les retrouver dans les ouvrages qui fixent l'attention du connoiffeur ; d'y rencontrer même quelquefois des beautés d'un genre nouveau, que le fentiment & l'habitude favent comparer & apprécier. Tel eft le genre de plaifir que le connoiffeur goûte avec enthoufiafme.

Mais c'en eft affez fur une erreur qui n'a pu être adoptée que par ceux qui avoient quelque intérêt à l'accréditer. Je reviens au coſtume des anciens, & je demande ſi l'on eſt bien aſſuré de la vérité du peu que l'on en ſait, & ſi ce peu eſt fort important & fort utile aux arts ? Qui nous aſſurera, par exemple, qu'*Homere* ait ſuivi le coſtume des tems qu'il a peints dans ſes poëmes, plutôt que celui de ſon ſiecle, puiſqu'il écrivoit trois cents ans après la guerre de Troyes, & que beaucoup d'arts & de métiers dont il fait mention avoient ſans doute fait bien des progrès ? S'il ne faut qu'un ſiecle pour les amener à leur perfection, beaucoup d'uſages dont il nous inſtruit, pouvoient avoir été établis depuis l'époque de ſon poëme. Nous ne pouvons donc être ſûrs, en le ſuivant, de rendre le vrai coſtume des tems de la guerre de Troyes, mais ſeulement celui du ſiecle d'*Homere*. Il ſe peut qu'il ait obſervé beaucoup de traditions anciennes, mais il eſt encore plus apparent qu'il

ne s'y eſt ſoumis qu'en poëte, c'eſt-
à-dire très-librement , & qu'autant
qu'elles pouvoient enrichir ſa poéſie.
Nous ne puiſerons donc dans cet auteur qu'un coſtume libre, & qu'à
ſon imitation , il nous ſera permis
d'accommoder aux beſoins de nos
arts.

Nous connoiſſons par les ſtatues
& les bas-reliefs antiques , cinq ou
ſix vêtemens divers pour les femmes,
& un moindre nombre encore pour
les hommes. Peut-on penſer qu'une
connoiſſance ſi bornée ait quelques
rapports bien ſûrs avec la vérité ? En
eſt-ce aſſez pour prétendre mettre
ſous nos yeux un ſpectacle tel qu'en
effet il a été vu jadis dans la Grece ?
Comment, avec de ſi minces ſecours,
diſtinguera-t-on le peuple auſtere &
guerrier de Sparte, d'avec le peuple
ingénieux & délicat d'Athenes ? Ne
riſquera-t-on pas de les confondre
avec les Macédoniens , les Epirotes

& tant d'autres peuples, qui certainement devoient avoir des diversités aussi essentielles dans leurs habillemens que dans leurs mœurs ? Eh ! que sera-ce si l'on fait réflexion que dans chaque ville, ou tout au moins dans chaque capitale , les divers états devoient être distingués par des différences sensibles ?

Ces vêtemens même que nous voyons dans les statues & les bas-reliefs antiques , qui nous assurera qu'ils aient un rapport intime avec ceux qui étoient en usage alors , & qu'ils ne soient pas un costume de convention , & imaginé par les sculpteurs relativement aux besoins de leur art ? Nous voyons déja que ces draperies qu'on croit imitées d'après des linges mouillés , & qui laissent voir le nud par-tout où l'artiste le souhaite, ne font qu'une invention des sculpteurs , & que nul étoffe ne peut produire de pareils effets. Nous voyons que le defir de rendre le nud, qui fait le principal agrément de la fculpture, leur a fait repréfenter, fans vêtemens & contre toute vraifemblance, un *Laocoon*, un grand-prêtre des dieux immolé à la vengeance de ces dieux mêmes, au milieu des fonctions de fon miniftere. Dans les tableaux qui nous reftent d'*Herculanum*, *Théfée*, *Achilles*, *le centaure Chiron*, & la plupart des figures d'hommes, font nues, ou avec de légeres draperies, qui jamais n'ont été leurs véritables vêtemens. Les femmes font prefque toutes vêtues dans cette maniere, qui vient de l'imitation de la fculpture antique, avec cette abondance de larges plis volans dans le bas des figures, & qui n'ont nul rapport avec le peu d'étoffe qui fe trouve vers les hanches. Si ces licences font reconnues, qui nous garantira la sûreté pour tout le refte ?

Des fecours fi bornés & fi incertains, paroîtront-ils avoir quelque rapport avec la vérité, fi l'on confidere les nations qui couvrent à préfent la terre, & fi l'on eft forcé de convenir que dans tous les tems les hommes ont été à peu près les mêmes, quant à la variété infinie des goûts & des idées ? Quelles différences fenfibles entre les mœurs, les ufages & les vêtemens des peuples de l'Afie, de l'Afrique & de l'Europe ? Dans la feule France, combien de vêtemens qu'il feroit impoffible d'imaginer ! les habits royaux dans les grandes cérémonies, ceux du palais, ceux des eccléfiaftiques dans les fonctions de leur miniftere, les divers ajuftemens militaires, & tant d'autres ! Si donc ces nations avoient difparu de deffus la terre, & que la gravure n'eût pas, au grand déplaifir des artiftes qui nous fuivront, confervé le fouvenir de ces modes, celui qui retrouveroit quelques ftatues ou bas-reliefs qui

lui

lui donneroient cinq ou six de ces vêtemens, approcheroit-il de la vérité, lorsqu'avec de si foibles moyens il prétendroit peindre tous les faits des histoires de ces nations ? C'est cependant ce que nous faisons, & sur quoi nous nous croyons fondés à blâmer ceux qui osent sortir de ces bornes si resserrées. Puisqu'il nous est si difficile d'approcher de la vérité, la question n'est plus que de savoir le degré de fausseté que l'on voudra bien tolérer ; mais alors les loix que l'on prétendra établir, pourront-elles être regardées comme fort sérieuses ?... Où posera-t-on la barriere qu'il ne sera plus permis de franchir ?

Ne nous plaignons pourtant point de notre ignorance ; car une connoissance du costume antique trop détaillée & incontestable, seroit u grand malheur pour les arts. Les habillemens étoient certainement assujettis à des modes uniformes entre gens de même espece, taillés par des ouvriers qui fuivoient une coupe établie par l'ufage ; ils devoient, comme les nôtres & comme tous ceux du monde connu, préfenter des plis femblables dans les mêmes pofitions. On voit, par exemple, dans un des tableaux d'*Herculanum*, une jupe pliffée à peu près comme les portent aujourd'hui nos femmes du peuple, & l'on y trouveroit beaucoup d'autres parités femblables, fi les fujets qui y ont été repréfentés n'étoient pas de l'antiquité la plus reculée, & qu'ils étoient en poffeffion de rendre fans s'affujettir au coftume. Quelle infipidité ne jette pas dans les bas-reliefs de la colonne trajane, la répétition des mêmes habits ! Nous ne ferions donc plus que des imitateurs de modes froides ; la liberté du génie dans la peinture feroit détruite, & a fculpture prefque anéantie; alors plus de moyens de faire sentir le nud sous des draperies contraintes dans leur coupe & dans le choix des étoffes, peu de variété, servitude de toutes parts, enfin toutes ressources interdites aux plus belles imaginations.

Contentons - nous d'en citer un exemple. Quelqu'un oseroit-il entreprendre de représenter les grands sujets de l'histoire de France, en s'assujettissant au costume des siecles passés, que malheureusement nous connoissons trop encore ? Quel usage l'art pourroit-il faire de ces vêtemens ridicules qu'on voit dans les statues gothiques de nos temples, dans les tapisseries & dans les miniatures anciennes ? Les poëmes du *Tasse*, de *l'Ariostе* & autres dont les sujets sont pris dans ces tems reculés, sont cependant dans le cas d'être rendus selon ce costume. On y devroit voir ces casques à visiere baissée, ces hommes bardés de fer de la tête aux pieds, ces chevaux enveloppés de harnois traînans jufqu'à terre, & dont la tête eft auffi mafquée que le refte. Conçoit-on qu'une peinture de cette efpece pût avoir aucun agrément? Eft-il quelqu'un qui fe foit avifé de les rendre de cette maniere? Et n'a-t-on pas été obligé de fe fervir avec liberté, d'une partie du coftume des Grecs & des Romains, ou plutôt de ce coftume libre & pittorefque, inventé par les reftaurateurs de la peinture?

On peut apporter comme une preuve des dangers qui s'enfuivent de la trop fcrupuleufe obfervance du coftume, ce qui eft arrivé à un des plus célébres peintres de nos jours[1]. Il avoit à repréfenter un des fujets de la vie de *S. Auguftin*, & dans lequel il devoit faire entrer plufieurs évêques. Il comptoit fe fervir des

[1] Carle-Vanloo.

mîtres , des chapes & autres ornemens d'églife , qui prêtent affez à
la peinture , & fe propofoit d'en varier les couleurs , lorfqu'il fut vifité
par un de nos plus célebres amateurs [1]. Ce dernier étoit affez éclairé
pour fentir les raifons qui engagent
à conferver à la peinture la liberté
du choix dans ce qui lui convient ;
mais , attendu que dans quelques pré-
cédentes conférences il avoit établi
la néceffité de fuivre le coftume , il
annonça à l'artifte que dans le fiecle
de *S. Auguftin* tous les ornemens
d'églife étoient blancs. Sur quoi le
peintre ayant allégué le danger de
faire un tableau auffi monotone que
plat , l'amateur le foudroya par ce
prétendu axiome , *que tout doit fe trou-*
ver fur la palette du peintre.

On fera peut-être étonné qu'on
ofe regarder comme une forte de
témérité , de compofer un tableau

[1] M. le comte de Caylus.

d'objets tout blancs; mais la peinture
eſt un art difficile, qui a beſoin d'employer toutes ſes reſſources pour atteindre à ſon but, qui eſt celui de
plaire. Or , la variété & l'accord
harmonique des couleurs eſt un de
ſes plus grands agrémens. On peut
ſans doute faire avec ſuccès de petits tableaux d'un petit nombre d'objets de divers blancs ; mais on oſe
aſſurer qu'on n'en ſortira avec quelque avantage , qu'autant qu'on les
peindra d'après nature , & placés les
uns à côté des autres de la même
maniere qu'on veut les repréſenter
dans le tableau. Alors on pourra appercevoir les reſſources que donnent
les effets de lumiere dans la nature,
pour tirer les objets les uns de deſſus
les autres, les reflets inattendus qui
aident à lui donner de la ſaillie ,
enfin une infinité de moyens qu'il
eſt impoſſible de deviner tous, &
que même en les voyant, les talens

les plus sûrs ont bien de la peine à imiter. Le peintre d'histoire ne peut presque jamais réunir devant ses yeux les objets qu'il entreprend de peindre comme il le faudroit pour en tirer ces avantages. C'est donc une prétention à laquelle il doit renoncer. D'ailleurs, ce qui suffiroit pour faire réussir un tableau de trois pieds , ne procureroit pas le même succès à un tableau de quinze.

On alléguera peut-être le fameux tableau de *S. Rommuald*, par *André Sacchi*. Mais on doit observer qu'il n'est composé que de trois figures , & sur un fond de paysage , qui , par les diverses obscurités & les tons de couleurs dont il est susceptible, peut prêter beaucoup de secours pour faire sortir les figures. Ainsi ce n'est point un tableau d'objets tout blancs, mais où il y a plusieurs objets de cette couleur. L'artiste dont il est question dans ce discours , outre qu'il avoit beaucoup de figures de cette espece à faire entrer dans son tableau, n'avoit pour fond qu'une église de pierre blanche ou grise.

Ce qui prouve encore mieux la difficulté de cette demande & l'imprudence qu'il y a à la faire, c'est ce qui arriva à ce même tableau, & la peine qu'eut *Andrea Sacchi.* Après l'avoir fait, malgré les plus rares talens, il consulta un célebre artiste contemporain, qui lui dit qu'il manquoit d'effet. *Andrea Sacchi* prit alors le parti de sacrifier une de ses figures, en portant une ombre dessus, ce qui donna l'effet à son tableau : ainsi, à la rigueur, il n'y a que deux figures qui soient blanches.

Quant à ce que l'on dit que *tout doit se trouver sur la palette du peintre,* je répondrai, oui, tout ce qu'il voit. Mais lorsqu'il ne peut voir les choses, il doit chercher à se servir de tous les moyens qui lui sont avantageux,

&

& fur-tout des objets qu'il connoît bien. On obfervera encore qu'il y a beaucoup d'effets dans la nature, qui, quoique vrais, feroient très-ingrats à traiter, & qu'on ne réuffiroit point à rendre fur une furface plane. Lorfque nous regardons la nature, s'il arrive que les objets paroiffent tenir les uns aux autres, le moindre mouvement que nous faifons, même involontairement, en changeant leurs rapports, nous inftruit d'abord qu'ils font féparés. Cette apparence même de tenir enfemble n'eft apperçue que du peintre, parce qu'il regarde la nature relativement aux moyens qu'il a de l'imiter; & s'il difoit à un particulier étranger aux arts que deux objets femblent tenir l'un à l'autre; ce dernier, au moyen de ce mouvement, lui foutiendroit qu'ils ne lui paroiffent point ainfi. Joignons à cela l'habitude que nous avons de juger des diftances par une fuite d'ob-

fervations, faites à la vérité fans réflexion, mais qui font l'effet d'une
longue expérience. Cela eft particuliérement prouvé par les fenfations
qu'ont paru éprouver des aveugles
nés, à qui l'on a rendu la vue ; ils
ont cru que tous les objets tenoient
enfemble, & touchoient en quelque
maniere à leurs yeux : il leur a fallu
le tems de mefurer les diftances par
le toucher ou par le mouvement.
C'eft cette habitude qui nous ôte
toute équivoque dans la nature ;
mais dans le tableau, tout tient réellement, & ce n'eft que par des différences très-fenfibles, que nous
pouvons faire naître l'idée des diftances. Le fameux *de Largilliere*, l'un des
peintres qui ont travaillé avec plus
de réflexion, difoit, *que la peinture*
eft un art fi difficile, que le peintre ne
doit pas négliger de prendre tous fes
avantages.

Je reviens à M. Vanloo. Celui-ci,

laffé enfin de fe tourmenter fur un ou
vrage qui ne le fatisfaifoit en aucune
façon, força les barrieres d'un coftume
tyrannique, refit fon tableau, ofa employer les ornemens de velours de
diverfes couleurs brodés en or , &
avec ces fecours lui rendit tout l'effet qu'un confeil dangereux en avoit
banni.

Qu'il me foit permis ici de juftifier
ce même peintre du reproche qu'on
croit pouvoir lui faire fur ce que
dans fes fujets de la vie de *S. Grégoire* , il a donné aux prêtres des cha-
fubles , aux évêques des mîtres , aux
cardinaux la pourpre , & au pape la
tiare , long - tems avant que ces ornemens fuffent en ufage. Je ne me
borne point à l'excufer timidement ,
en obfervant que les tableaux d'églife
font les livres du peuple , & qu'il
faut fe mettre à fa portée. J'ofe aller
plus loin, & dire que non-feulement
il a pu prendre cette liberté , mais

même qu'il l'a dû. La peinture doit sur-tout parler aux yeux, & sans ces marques de dignité connues, de pareils sujets seroient inintelligibles, non-seulement au peuple, mais à bien des personnes d'un plus haut rang. M. *Vanloo* d'ailleurs y étoit autorisé & même forcé par l'usage. Son prédécesseur, M. *Corneille*, avoit traité cette chapelle de la même maniere; & aucun peintre, ayant à représenter *S. Grégoire*, ne pourra se dispenser de distinguer ce pere de l'église par la tiare & les ornemens qui caractérisent sa dignité de pape. Quelles sortes d'habits auroit-il pu y substituer ? A-t-on quelque chose de connu ou de satisfaisant à nous offrir pour y suppléer ? Quels moyens nous donnera-t-on pour être entendus, qui soient aussi simples & aussi favorables à la peinture ? C'est par cette même raison, qu'ayant à traiter allégoriquement le regne de *Louis VI*,

dit *le Gros* , j'ai ofé vêtir l'abbé *Suger*
en Bénédictin , quoique je n'ignoraffe
pas que ce grand homme , pendant
fon miniftere , ne portoit point l'ha-
bit de fon ordre , & que même on
lui reprochoit le luxe de fes vêtemens. Je crois que le deffin doit
parler le plus clairement qu'il eft
poffible , & que c'eft une de fes loix
les plus inviolables.

Je reprends mon difcours. On fe
fatigue à recueillir les moindres pa-
roles des auteurs grecs & latins ,
pour en tirer quelques lumieres fur
leur coftume. Mais les plus féveres
cenfeurs oferoient-ils exiger qu'on
les fuivît au pied de la lettre ? Quand
il feroit démontré que les rois affem-
blés devant la tente d'*Agamemnon* ,
avoient tous des manteaux de pourpre , voudroient-ils qu'on leur fît un
tableau de toutes figures rouges ?
Ce feroit bien pis encore , fi l'on
connoiffoit la maniere dont il étoi

d'ufage de s'envelopper dans ces manteaux ; car il y avoit fans doute une
mode reçue, ainfi qu'on voit les eccléfiaftiques retrouffer leurs manteaux prefque tous de la même maniere. Il devoit auffi y avoir des attitudes de décence dans les affemblées
publiques, auxquelles au moins les
fubalternes fe foumettoient. Que deviendroit alors la peinture, avec de
pareilles fujétions ?

Si l'on repréfentoit une fuppliante,
touchant les yeux & le menton de
celui qu'elle implore, qui pourroit
ne pas rire de cette attitude ? Et combien y a-t-il de perfonnes qui fuffent
en état d'en deviner l'expreffion, ou
qui vouluffent l'approuver ? C'eft cependant ce qu'*Homere* nous repréfente
fréquemment ; ce même poëte nous
dépeint par-tout fes héros avec de
grands boucliers qui couvroient
l'homme tout entier, & dans lefquels
on rapportoit les morts & les bleffés.

Qu'on se figure le spectacle que feroit en peinture un bataillon où l'on
ne verroit que des boucliers, avec
une portion de tête au-dessus, &
des pieds au-dessous ! On connoît ce
costume, mais on se garde bien de
l'observer. Il en est de même de beaucoup d'autres choses. J'ose le répéter,
nous sommes heureux de neconnoî-
tre que très-médiocrement le costume
des anciens. Il nous suffit en effet d'en
savoir quelques particularités carac-
téristiques, sensibles & connues, qui
puissent nous aider à distinguer le
lieu de la scene, la nation, & s'il est
possible, les principaux personnages.
Il y a même des sujets qu'on ne sauroit traiter d'une maniere satisfai-
sante, à cause de la laideur des personnages, dont l'antiquité nous a
conservé les portraits. Tel est celui
de la mort de *Socrate*, qui ne peut
être que déparé, lorsqu'il faudra
montrer pour principale tête cette

physionomie laide & sans dignité. Cependant je n'oserois dire qu'on pût se permettre de désigner par une belle tête la beauté de son ame ; car, malheureusement pour l'art, la sienne est trop connue. A tous autres égards je crois pouvoir avancer que nous devons être très-libres dans le choix de ce que nous croirons pouvoir suivre du costume, & qu'il faut conserver le droit de le rejetter, lorsqu'il ne s'allie pas avec les beautés que l'art a toujours droit & intérêt de chercher.

Aussi tous les grands artistes se font-ils réservé cette liberté ; & si l'on considere le prétendu costume qu'ils ont suivi, on verra qu'ils l'ont presque toujours pris dans la nature la plus simple qu'ils pouvoient rencontrer dans leur pays. Les coëffures ingénieuses & naturelles qu'on admire dans *le Dominiquin*, dans *Raphaël* & dans *le Guide*, sont pour

la plupart encore en usage dans plusieurs contrées de l'Italie.

On ne prétend pas néanmoins approuver certains excès de licence,
qui sont trop sensiblement contraires
à ce qu'on connoît des usages des
nations anciennes, tels qu'on en voit
dans *P. Veronese*, dans *le Réimbrant*,
& dans quelques autres ; c'est-à-dire,
Paul Véronese habillant les Juifs avec
des habits de sénateurs Vénitiens ;
Réimbrant, à la faveur de quelques
vieilles hardes du Levant qu'il co-
pioit, adaptant les coutumes de l'Asie
moderne à celles des peuples de la
Grece ou de l'Italie antique : toutes
ces libertés sont sans doute de vrais
écarts que l'on ne doit pas imiter.

Que ceux pourtant qui ne sentent
pas toutes les beautés des ouvrages
de ces deux grands hommes, sus-
pendent les traits de leur critique ;
qu'ils se gardent de porter trop loin
leur censure. Ces mêmes fautes qu'ils

croient avoir droit de leur reprocher, ont été pour ces maîtres les
sources de mille beautés ; & peut-
être que s'ils vivoient encore, de
tous ceux qui connoiſſent bien les
vraies beautés de leur art, & qui
y ſont ſenſibles, aucun n'oſeroit,
après y avoir réfléchi, leur conſeil-
ler de ſuivre une autre route, tant
il y auroit à craindre qu'on y per-
dît. En cherchant dans les objets
qui leur étoient familiers, des ornemens qui paroiſſent inalliables avec
la ſimplicité des mœurs antiques, ou
du moins que nous y ſuppoſons, ils
y trouvoient des vérités & des ri-
cheſſes favorables à l'art, & dont
une ſuppoſition plus ſévere les eût
privés ; la nature qu'ils ſe propoſoient
de rendre, étoit tous les jours ſous
leurs yeux ; ils y voyoient ce vrai
qui eſt à tant d'égards au-deſſus des
fictions que nous avons adoptées,
qui rendra toujours leurs ouvrages

dignes d'admiration , & qui , si l'on fait abstraction du costume , leur donne une vraisemblance plus réelle encore que n'auroient fait les con-conventions que l'opinion établie veut regarder comme plus nobles & d'un genre plus élevé.

En effet, que l'on suppose pour quelques instans que l'on ne connoisse plus les modes des Vénitiens du seizieme siecle , & que l'on avoue combien nos connoissances sur celles dès Juifs sont bornées ; qui se croiroit fondé à dire que ces habits Vénitiens , qu'on ne connoîtroit plus pour tels, ne fussent pas aussi vraisemblables & plus naturels que ceux qu'il nous a plu d'adopter , & sur-tout plus que cette tunique tant répétée & ce manteau , tous deux de l'étoffe la plus grossiere , & toujours d'une couleur entiere & sans mêlange,dont nous faisons usage pour désigner les Juifs ? En effet , peut-on raisonnablement fuppofer qu'une nation qui commerçoit avec tout l'univers, ne connoiffoit pas encore les étoffes rayées, à fleurs, changeantes & autres ? Ce n'eft pas qu'en effet d'autres artiftes que *P. Véronefe*, & même des maîtres célebres, n'en aient fait ufage ; mais les puriftes fur le coftume, font toujours tentés de prendre ces libertés pour des licences non permifes. Les têtes reffemblantes à la nature que *P. Véronefe* employoit, ne font-elles pas auffi belles, plus vraies & plus intéreffantes que celles defquelles nous nous fommes faits une loi de ne pas nous écarter, & dont les caracteres, dit-on, font donnés par le coftume ? Convention funefte, fi on la fuit avec trop de fervitude, & qui conduit à faire des têtes imaginaires, & où le fecours de la nature ne fert prefque de rien !

C'étoient, dira-t-on, les portraits

connus de tous les amis de ce célebre peintre. Cela peut être ; mais
tâchons de l'oublier, ſi nous voulons
rendre notre jouiſſance plus com-
plette. Je le répete ; elles n'en ſont
pas moins belles. J'ajouterai qu'en les
regardant , on croit voir en effet des
hommes vrais ; tandis que chez beaucoup d'autres maîtres , on ſent qu'on
n'apperçoit que des figures idéales.
Eh! quelles variétés veut-on qu'y
apporte un peintre qui n'oſe point
profiter de celles que lui préſente la
nature, en partant du prétexte qu'elles ne ſont point aſſez nobles , ou
qui peut-être ignore l'art de les rendre avec autant de force que de graces ? Auſſi faut-il convenir que tous
les artiſtes, livrés au ſyſtême de cette
prétendue nobleſſe idéale , n'ont preſque jamais à eux que cinq ou ſix
têtes de différens genres, qu'ils répe-
tent par-tout ; de même que preſque
tous les romans du tems des *Scudery*

& des *la Calprenede* , ne préſentent qu'un ſeul & même caractere de héros. Ceux qui ſuivent la nature à travers quelques irrégularités , ſur leſquelles , lorſqu'ils ſont en effet de vrais artiſtes , ils répandent de l'agrément par la belle maniere de les rendre ; ceux-là ſeuls , dis - je , uniſſent à la variété , la vérité & la beauté.

Ainſi , lorſque nous oſons blâmer de ſi grands maîtres , convenons qu'en violant les loix d'un coſtume contraignant , & qui peut-être enleve à l'art ſes beautés les plus piquantes , ils ont abondamment de quoi ſe le faire pardonner ; qu'ils réuniſſent dans leurs ouvrages les vraies beautés de l'art , & qu'on ne peut leur reprocher que d'avoir ignoré ou mépriſé des connoiſſances acceſſoires , qui auroient pu y ajouter, non pas un mérite réel , mais dont il eût pu réſulter une plus grande satisfaction pour un très-petit nombre de personnes instruites.

D'ailleurs, quel seroit l'avantage de l'art, en l'assujettissant avec rigueur aux loix du costume ? Celui de plaire davantage à un petit nombre de personnes que leur état a pu engager à s'instruire en détail de tout ce qui concerne l'histoire. Mais si ce nombre est très-petit, pour qui donc aurons-nous travaillé ? A qui aurons-nous sacrifié le tems précieux, que ces recherches minutieuses nous auront coûté ? A des personnes qui ne loueront en nous qu'un mérite de mémoire, & qui souvent ne sentent rien du mérite réel des parties essentielles de l'art. Mais, d'un autre côté, si cette même sujétion nous a mis dans le cas de risquer quelque chose de désagréable à l'œil, de mesquin ou de mauvais goût, ne blessons-nous pas, non-seulement les yeux du connoisseur, mais de ceux qui ne le sont pas, qui tous ont droit d'exiger qu'on leur plaise, qui ne nous imposent que cette loi, & nullement celle de leur présenter des détails savans, dont très-peu d'entr'eux sont instruits, & qui n'ajouteroient rien à leurs plaisirs ?

Il y a cependant, dira-t-on encore, un costume auquel les artistes même exigent qu'on s'assujettisse, qu'ils paroissent considérer comme essentiel aux vraies beautés de l'art, & qu'ils sont convenus de regarder comme indispensable. A quoi l'on répond que c'est bien moins au costume des Grecs, ou même à celui des Romains, quoique mieux connu, qu'ils se soumettent, qu'à un costume de convention inventé avec goût, & établi par les grands maîtres qui nous ont précédés; nous le devons à la noblesse de leur génie qui leur a fourni des idées heureuses, relativement aux besoins de l'art, & à tout ce qui peut contribuer à produire de bons effets. Ce font eux qui l'ont créé en rejettant ce qui ne leur convenoit pas. Et s'ils ont eu cette liberté, qui peut la contefter à ceux qui leur fuccedent ? Avons-nous moins befoin de facilités qu'ils n'en eurent befoin eux - mêmes ? Qui de nous pourroit fe flatter de répandre des graces fur ce qui leur a paru incompatible avec les loix du goût ?

Etabliffons pourtant qu'il eft un degré [de connoiffances générales, qu'il n'eft plus permis de braver, parce que le commun des fpectateurs les ayant acquifes par l'éducation ordinaire, il femble qu'il foit en droit de l'exiger dans tous ceux de fon fiecle, qui prétendent à fon eftime. Les plus importantes feront celles qui font affez connues pour nous donner le moyen d'annoncer aux regards les lieux, les tems & les nations. Donnons la tunique aux Grecs, la tiare & la longue robe aux Afiatiques, la toge aux Romains ; mais réfervons-nous la liberté de varier à l'infini ces mêmes ajuſtemens, d'y ajouter, d'y retrancher, d'en imaginer même, en conſervant toujours le caractere diſtinctif de chaque nation. Gardons-nous d'accepter des loix toujours plus auſteres qu'agréables, fouvent puiſées dans des auteurs affez obfcurs, qu'on n'eſt pas toujours affuré de bien entendre, & qui plus fouvent encore ne nous inſtruiſent que de détails minutieux.

Que nous fert en effet, de favoir que, du tems de *Miltiades*, les Athéniens portoient de petites cigales d'or dans leurs cheveux ? Un fi mince ornement peut-il jamais ajouter à l'intérêt que produit une tête ? Imitons le fameux *le Brun*, l'un des plus beaux génies qui aient brillé dans la peinture. S'il a étudié le coſtume des armures antiques, ce n'a point été pour les copier avec fervitude, ni pour en admettre le goût simple jufqu'à la pauvreté, mais pour fe mettre fur la voie d'en imaginer de plus ingénieufes & plus agréables.

Concluons donc que l'obfervance du coftume eft en général néceffaire, mais qu'elle doit toujours être fubordonnée aux befoins de l'art & aux loix du goût; qu'elle n'y conftitue point un mérite effentiel, mais feulement un agrément de plus, & que des loix trop féveres à cet égard pourroient bientôt produire un pédantifme auffi infuportable pour l'artifte, que nuifible aux progrès de l'art.

Nota. On aura facilement obfervé que la digreffion fur les objets blancs, eft étrangere au fujet; en effet fa deftination étoit d'être imprimée en note & d'un autre caractere; mais par erreur on l'a inféréo dans le texte. Cette faute n'a pas paru affez confidérable pour recommencer la feuille qui étoit tirée.

De l'illusion dans la peinture.

C'est une opinion généralement reçue, que le but de la peinture est d'atteindre à un degré de vérité, capable de tromper les yeux. On entreprendra d'autant moins de la combattre, que c'est en ne la perdant jamais de vue que l'on suit la route qui conduit à la perfection. Mais on se persuade presqu'aussi généralement que lorsque la peinture est arrivée au plus près possible de ce but, elle est à son plus haut degré de perfection. C'est sur quoi l'on croit pouvoir se permettre quelque examen, & avec d'autant plus de fondement, qu'il est plusieurs ouvrages faisant toute l'illusion dont la peinture est susceptible, qui ne sont néanmoins regardés que comme très-médiores; tandis que d'autres, où ce mérite ne se trouve que dans un degré très-peu sensible , obtiennent cependant une préférence distinguée , & même l'admiration universelle par des beautés d'un tout autre genre.

Si l'on observe à quel degré d'illusion la peinture peut atteindre, on trouvera qu'elle parvient à tromper les yeux au point de mettre le spectateur dans la nécessité d'employer le toucher pour s'assurer de la vérité , sur-tout lorsqu'il est question d'objets de peu de saillie, tels que des moulures , des bas-reliefs , ou autres objets semblables ; mais que l'illusion s'affoiblit, du moins quant à sa durée , lorsque les mêmes objets présentent un ou deux pieds de saillie. Nous accorderons encore qu'elle peut avoir lieu au premier instant dans des tableaux de fleurs , de fruits ou d'autres représentations sans mouvement, quoique ce ne soit ordinairement qu'avec le secours de quelqu'effet de lumiere ménagé à deſſein , joint à quelque motif qui oblige le ſpectateur de reſter à un aſſez grande diſtance de ces imitations , pour empêcher les regards d'en juger avec autant d'exactitude qu'ils le feroient ſans cet obſtacle ; mais il eſt ſans exemple , qu'un tableau de pluſieurs figures expoſé au grand jour , ait jamais fait croire à perſonne que les perſonnages repréſentés fuſſent en effet des hommes véritables.

Nous ne nous arrêterons donc point à quelques faits qu'on pourroit alléguer en faveur de la poſſibilité de l'illuſion dans la repréſentation de la figure humaine , tels que le buſte d'un abbé peint par M. *Charles Coypel* , qui , découpé & placé dans une galerie , derriere une table & dans un jour convenable , a trompé pluſieurs perſonnes juſqu'au point de les engager à le ſaluer. Outre que ce fait n'admet point dans ce tableau

un degré de saillie au-delà de celui
jusqu'où nous avons posé que la peinture peut faire illusion, puisqu'il n'y
avoit point de fond peint derriere la
figure ; il est de plus aisé de voir
que cette erreur ne venoit que du
peu d'attention avec laquelle les personnes trompées avoient jetté quelques regards indirects de ce côté,
ainsi que de l'adresse avec laquelle
on avoit présenté cette peinture éloignée des yeux, & dans un jour qui
empêchoit d'en juger au premier
abord. On n'ignore pas que cette
illusion, qui ne naît que de la sur-
prise & de l'inattention, peut être
produite même par les plus mauvais
ouvrages, ainsi qu'il arrive souvent
au premier aspect de ces peintures
découpées qui représentent une ba-
layeuse, un suisse, &c. & personne
n'en a jamais conclu qu'elles eussent
atteint le vrai but de l'art.

Osons ajouter que cette espece

d'illufion, prife à la rigueur, feroit une prétention auffi vaine qu'abfurde de la part de l'artifte, fur-tout dans les fujets combinés de divers objets & avec des diftances confidérables fuppofées entr'eux.

Parmi tous les obftacles qui s'y oppofent, nous n'en obferverons que quelques-uns, qui font la fuite naturelle de notre maniere de fentir & de juger. Cette habitude que nous avons de juger, & l'épreuve que nous faifons journellement de l'effet de la lumiere fur les furfaces de quelque couleur quelles foient, fuffiroient feules pour déceler le manque de réalité.

S'il eft permis de hafarder quelques idées particulieres fur ce fujet, ne feroit-on pas fondé à penfer que cette faculté de rectifier les erreurs des fens, acquife par l'expérience, & prefque fans réflexion, eft principalement l'effet de la fenfation que le plus ou le moins de force de l'action de la lumiere produit sur nos yeux ? Si les enfans sont aisément trompés aux plus grossiers objets d'illusion, & qu'il n'en soit pas de même lorsque l'expérience a perfectionné en eux la faculté de juger ; n'est-il pas vraisemblable que le sentiment de l'impression de la lumiere est pareillement susceptible de perfectibilité, quoique peut - être dans un moindre degré, & qu'enfin nous parvenons par une gradation insensible, à éprouver des différences entre les divers degrés de force avec lesquels elle agit sur nos yeux, & par ce sentiment à juger avec assez de certitude, des distances & des surfaces ?

Il s'ensuivroit de là que les rayons réfléchis par une surface plane venant de la même distance & conservant un degré de force égal entr'eux, quelque artifice dont on puisse user, on ne peut empêcher qu'elle ne paroisse telle, & l'on concevroit une des causes de ce qui est confirmé par l'expérience de tous les tems : c'est que tout espoir d'illusion prise à la rigueur, est refusé à la peinture , lorsqu'elle entreprend des sujets un peu trop compliqués quant aux faillies inégales & aux distances qu'elle ose supposer entre les objets.

Par une suite de cette supposition , qu'on croit pouvoir poser comme une vérité , on observera que ce qui doit s'opposer le plus à l'illusion dans la peinture , c'est la fausseté inévitable des ombres qui désignent les enfoncemens. Le peintre ne peut imiter les enfoncemens ombrés , que par des couleurs obscures , étendues sur une surface plane , toujours susceptible , quelque couleur qu'on y ait posée, de réfléchir la lumiere avec un degré de force relatif à sa distance réelle. Or il doit résulter de la connoissance que nos yeux nous don-

nent du véritable plan de cette surface, oppofée à l'idée d'enfoncement
que le peintre a voulu faire naître,
une contrariété qui décele la fauf-
feté.

Auffi peut-on remarquer que les
défauts qu'on trouve à reprendre
dans les plus grands maîtres, quant
à l'effet, regardent prefque toujours
leur maniere d'ombrer; ce qui peut
contribuer à prouver que le faux néceffité dans la peinture, vient toujours des ombres. On reproche aux
uns de tomber dans des tons rouffeâ-
tres; aux autres, bleuâtres; à quelques-uns, violâtres ou verdâtres.

Ce défaut paroît même inévitable à la rigueur, quoiqu'il foit peut-
être dans l'ordre des poffibilités de le
rendre moins fenfible. Une des raifons que l'on croit pouvoir en donner, c'eft qu'outre l'impoffibilité de
dompter entiérement l'obftacle d'une
furface toujours vifible, il paroît

qu'il n'y a pas de moyens d'imiter l'ombre , & même qu'il ne sauroit y en avoir.

L'ombre, dans la nature , n'est point un corps , mais la privation de la lumiere qui détruit plus ou moins les couleurs , à mesure qu'elle est plus entiere. Elle ne leur prête aucune couleur ; & si on leur en apperçoit quelqu'une qui rompe la leur propre, ce n'est que celle qu'elles empruntent par reflet, des objets voisins & éclairés. Or, le peintre n'a , pour imiter cette privation & la véritable obscurité, que des couleurs matérielles, qui sont réellement un corps réfléchissant lui-même la lumiere. Elles sont plus ou moins brillantes ; mais quelque mêlangées qu'elles soient avec celles qui peuvent le plus les détruire , elles conservent toujours quelque chose de leur nature particuliere , & donnent un mêlange coloré.

Il faudroit, pour porter l'imitation de l'ombre au plus près de la vérité, qu'on pût trouver une couleur capable d'obſcurcir les autres plus ou moins, ſelon le beſoin, & qui n'en eût aucune qu'on pût déſigner, c'eſt-à-dire, qui ne pût refléchir aucun rayon coloré plus fortement qu'un autre. Peut-être l'emploi de cette eſpece de couleur négative pourroit-il amener la peinture à un plus grand degré de vérité : cependant elle ne ſatisferoit pas entiérement au beſoin d'empêcher d'appercevoir la ſurface ; car il faudroit encore qu'elle eût la propriété, lorſqu'elle ſeroit employée dans toute ſa force, de ne refléchir aucun rayon de lumiere : ce qui eſt impoſſible, attendu que tout corps réfléchit néceſſairement la lumiere lorſqu'il en eſt frappé.

On ſe convaincra bien plus encore de la défectuoſité inévitable des moyens de rendre les ombres, ſi l'on obſerve les tableaux les plus eſtimés eu égard à l'imitation du vrai. On trouvera que chaque partie, priſe à part, eſt de la plus grande vérité dans les endroits éclairés & dans les demi-teintes : car c'eſt où la peinture approche le plus du vrai. On trouvera même les divers degrés de lumiere ſur les objets, à pro-portion de leur éloignement, très-bien rendus. Cependant, malgré cet aſſemblage de vérités, dont il ſemble qu'il devroit réſulter une illuſion par-faite, en conſidérant le tout, on ap-percevra toujours qu'on ne peut être trompé au point de ne pas voir que ce n'eſt qu'un tableau : d'où il paroît qu'on doit conclure que le défaut de vérité vient eſſentiellement des ombres.

L'illuſion, priſe à la rigueur, ne peut donc avoir lieu; mais il eſt un ſecond degré d'illuſion improprement dite, qui eſt en effet une des principales fins de la peinture & celle que l'on doit toujours se proposer de remplir ; c'est que le tableau puisse rappeller si bien le vrai, par la justesse de ses formes & par la combinaison de ses tons de couleur & de ses effets à tous égards, que l'image fasse le même plaisir que si l'on voyoit la nature elle-même. Ce n'est pas une illusion véritable, puisqu'elle subsiste également dans les plus petits tableaux, dont la proportion décele la fausseté. Mais c'est cette vérité d'imitation, dont la peinture est susceptible, même dans les tableaux d'objets nombreux & avec les distances les plus étendues.

Il s'agit maintenant d'examiner si cette vérité d'imitation est seule & par elle-même le plus haut degré de perfection de la peinture. On convient généralement que la plus grande beauté d'un tableau est, qu'il plaise non - seulement au premier coup-d'œil, mais encore qu'il soutienne

E iv

avec fuccès l'examen le plus réfléchi.

Mais fi l'illufion, telle que nous venons de la définir, étoit le feul mérite de l'art, celui qui connoît le moins fes beautés, éprouveroit le même plaifir que celui qui les a le plus étudiées. Or, il eft certain que plus la connoiffance de l'art eft perfectionnée, plus le plaifir que l'on éprouve à la vue du vrai beau eft fenfible. Sans doute ce plaifir devient plus rare, parce qu'on ceffe d'être affecté de ce *médiocre*, dont ceux qui ne font point connoiffeurs fe contentent, & qui fouvent les charme : mais on fent plus vivement les beautés peu communes qui diftinguent les ouvrages des grands maîtres ; on ne ceffe point de les admirer, & ils paroiffent d'autant plus excellens, qu'on eft parvenu à les mieux connoître.

En les examinant, il fera aifé de fentir que ce n'eft point l'illufion qu'ils font, qui leur a obtenu ce degré d'admiration. Ceux du divin *Raphaël* en font souvent très-éloignés. Envifagés fous le premier afpect qu'ils préfentent à l'œil, il n'en eft prefque aucun, fi on ofe l'avouer, qui, quelque artifice qu'on y voulût employer, trompât l'œil autant qu'un tableau de l'artifte le plus médiocre, mais qui n'auroit fongé qu'à imiter le vrai. Il y a même quantité des ouvrages de ce grand homme, dont le premier afpect doit déplaire à quiconque n'eft pas connoiffeur, je dis même favant dans le deffin ; car les beautés de *Raphaël* font de nature à étonner plus les artiftes qu'à féduire le commun des hommes. Il eft vrai qu'il n'eft aucun des voyageurs, qui à Rome ne s'é-crie, en les voyant : *que cela eft beau!* Mais c'eft chez la plupart d'entr'eux, un défaut de fincérité, que leur inf-pire la honte de convenir que des chofes confacrées par le cri de toutes les nations, ne leur font aucun plaifir. On eft inftruit, dès l'enfance, qu'il faut regarder *Raphaël* comme le plus grand des peintres , & lorfqu'il ne fait pas cette impreffion, on en conclut intérieurement que l'on n'eft pas affez connoiffeur pour en fentir toutes les beautés ; mais on fe garde d'avouer ce défaut de connoiffance, dans la crainte qu'il ne foit pris pour un défaut de fentiment.

Il eft plus fingulier encore de voir des François , des Allemands , des Anglois , fans connoître les arts , ne pas moins fe répandre en éloges à la vue du jugement dernier de *M. A. Buonarotti* , qui certainement eft un des plus défagréables tableaux que que l'on puiffe voir. Ce n'eft pas en partant de l'illufion qu'il produit ; car on croit pouvoir avancer qu'il n'en fait naître d'aucune efpece , & qu'il eft en quelque maniere *imaginaire* dans toutes fes parties. Ce ne peut donc être que l'effet d'une décence de convention, qui caufe cette admiration.

Car que peut y appercevoir un homme sans connoiſſances dans l'art du deſſin ? Des coloſſes d'une nature tout-à-fait inconnue, une quantité de gros muſcles exceſſivement marqués, capables de donner l'idée que l'auteur a voulu peindre d'hommes doués par la nature d'une force extraordinaire, mais qui ne préſentent aucun agrément & nulle apparence des vérités de la nature que nous connoiſſons. La couleur triſte & égale qui regne dans ce morceau, n'eſt pas aſſurément ce qui doit plaire au ſpectateur, que nous ſuppoſons ſeulement ſenſible à l'impreſſion du plaiſir que cauſe l'imitation du vrai.

Cependant ce tableau eſt un des plus célebres. Sa beauté conſiſte dans la force d'une imagination grande, fiere, qui préſente à nos yeux des objets ſur-humains, ſous l'aſpect le plus impoſant, dans un caractere de deſſin chargé & articulé avec excès, mais favant, grand, & qui marque la connoiſſance la plus profonde de la conſtruction & des formes extérieures du corps humain. Si ce ne ſont pas d'exactes vérités, ce ſont les exagérations d'un grand génie; dès-là, elles ſont dignes de la plus haute admiration. Mais qu'il ſoit permis de dire qu'elles ne ſont bien connues, & ne peuvent l'emporter ſur le déſagrément de ce tableau, qu'aux yeux de ceux qui ſont profondément inſtruits de la difficulté & de la rareté de ce ſavoir, & de ce que cette maniere, quoique différente du vrai, a de ſupérieur en elle. On oſe du moins croire que perſonne ne diſconviendra que ces beautés ne ſoient point de celles qui tiennent au plaiſir que produit l'illuſion.

Raphaël, moins barbare dans ſon caractere de deſſin, en eſt ſans doute moins éloigné. Cependant la grandeur

de ſes idées dans la compoſition &
dans le choix des formes, qui eſt la
ſuite d'un ſentiment ſublime des beautés de la nature la plus parfaite; la
beauté de ſes têtes, où l'on n'admire
pas ſimplement l'imitation de la vérité connue, mais la grandeur de leur
caractere, la nobleſſe du choix, la
dignité de leur expreſſion, cette maniere ingénieuſe & grande de draper
& d'annoncer le nud ſans affectation,
qui ne rappelle cependant aucune
étoffe connue, ni même aucun vête-
ment qu'on puiſſe regarder comme
ayant été en effet celui de quelque
nation : toutes ces beautés, dis-je,
ſont d'un genre bien ſupérieur à la
ſimple imitation du vrai. Mais en
même tems, par ce qu'elles ont de
relevé au-deſſus des idées communes, elles nuiſent à ce premier ſentiment de plaiſir qu'on attendroit de
l'illuſion.

Si nous paſſons à l'examen de ceux

qui ont eu en partage la grande partie du coloris, fans doute ils font plus
près de l'illufion que ceux qui en ont
manqué : auffi eft-il vrai que le plaifir que font leurs ouvrages eft plus
univerfellement reffenti. Cependant
ce n'eft point encore ce qui caufe
principalement l'admiration qu'ils
excitent. Ces belles demi-teintes &
cette fraîcheur du *Correge* & du *Titien*,
qui font au-deffus des beautés ordinaires de la nature, & qui égalent ce
qu'elle produit de plus parfait, ne
doivent pas être confidérées comme
pouvant nuire à l'illufion. Mais il
n'en eft pas moins vrai qu'une couleur plus foible & moins précieufe,
en pourroit approcher autant & peut-
être davantage. D'ailleurs, cette belle
maniere de peindre, ce *faire* large &
facile, cette harmonie dont ils nous
ont donné les plus beaux exemples,
font en eux l'effet d'un fentiment bien
au-deffus des qualités fuffifantes pour

produire la simple apparence du vrai. Le *Guide*, *Pietre de Cortone*, & quelques autres, semblent approcher davantage de ce qui tend à l'illusion. Des vérités plus connues, des graces que l'on voit souvent dans la nature, qu'ils ont su saisir avec art, les rendent plus aimables à tous les yeux. Mais combien d'autres beautés ne rencontre - t - on pas dans leurs ouvrages, & qui n'y sont employées qu'avec des vues plus ambitieuses que celles de tromper l'œil. Ils ont été plus loin, ils ont voulu le séduire, l'enchanter ; & ils y ont réussi. Mais ces maîtres mêmes prouvent encore que les beautés les plus estimées dans la peinture, ne sont pas celles qui tendent le plus directement à l'illusion. Ces deux hommes célebres, malgré la haute estime qu'ils ont obtenue, n'ont point acquis ce degré d'admiration accordé à *Raphaël*, au *Correge* & au *Titien*, quoi-

que le premier manque de la partie
de la couleur & de l'intelligence du
clair-obscur, que le second soit in-
corect, & le troisieme souvent d'un
choix peu noble.

Il semble qu'on peut conclure d'a-
près de si grands hommes, que l'imitation la plus prochaine du vrai n'est
pas le seul but de la peinture; qu'elle
acquiert un degré d'élévation supé-
rieur, par l'art qu'elle sait répandre
sur la maniere dont elle parvient à
cette imitation; & que c'est cet art
même qui distingue & caractérise les
hommes extraordinaires.

Que l'on parcoure les grandes parties de la peinture, on y trouvera
nombre de beautés essentielles, d'un
genre différent de celles qui suffiroient
pour approcher le plus près possible
du degré d'illusion dont elle est susceptible. Dans la composition, nous
admirons principalement l'abondance
du génie, le choix des attitudes qui

présentent

présentent l'aspect le plus pittoresque & le plus gracieux ; l'adresse des contrastes sans affectation ; cet enchaînement ingénieux des grouppes, soit pour réunir les lumieres, & trouver de grandes parties d'ombres afin d'en obtenir les plus grands effets, soit pour disposer un tout de maniere qu'on n'en puisse rien ôter sans le déparer : sorte de poésie, par laquelle le génie se rend maître de la nature, pour l'assujettir à produire toutes les beautés dont l'art peut être susceptible. Or il est aisé de sentir que toutes ces parties n'ont qu'un rapport très-éloigné à l'illusion proprement dite.

En effet, pour parvenir simplement à ce but, un génie froid & stérile d'ailleurs, qui saisiroit l'action nécessaire à donner à ses figures, & qui la rendroit avec vraisemblance, rempliroit également son sujet. Les attitudes les plus naturelles & les plus simples, quoiqu'elles n'eussent rien de pittoresque ou de gracieux, suffiroient. Toutes sortes d'aspects seroient égaux, dès qu'il ne s'agiroit que de les rendre avec vérité. Les contrastes ingénieux, l'enchaînement des grouppes & des masses, n'y ajouteroient aucun mérite. On peut toujours prétendre à être vrai, quelque disposition qu'on ait donnée à son sujet ; & les distributions parsemées (si désagréables à l'homme instruit) en sont également susceptibles.

A l'égard du dessin, pour atteindre à l'illusion, il n'a pas besoin de choix ni d'une correction savante au-dessus de ce qui est apperçu dans la nature par les yeux les moins exercés. Il suffiroit d'y observer ces détails, quelquefois d'un goût mesquin, mais qui rappellent à l'esprit la nature la plus connue.

Le coloris le plus admiré n'est même pas toujours celui qui est le plus vrai. Il n'est sans doute pas véritablement beau, lorsqu'il s'éloigne trop sensiblement de la vérité; mais il a besoin de beaucoup d'autres qualités, pour attirer l'éloge des connoisseurs. Il y faut de la fraîcheur, de la légéreté, une transparence dans certains tons, même au-delà de ce que la nature en laisse appercevoir. Remarquons encore que les coloristes les plus estimés ont un peu outré les beautés qu'ils ont su voir dans la nature. Si quelques tons dans la chair tendent un peu au vermeil, à de légers bleuâtres, à des grisâtres argentins, ils les ont rendus plus sensibles, comme pour les indiquer au spectateur, & leur faire sentir le *savoir* qu'il y a à les découvrir & à les rendre avec tant d'art ; c'eût été passer le but, si ce but consistoit simplement dans l'illusion.

Les oppositions de couleurs, de lumieres & d'ombres, seroient encore superflues dans cette supposition ; car la nature est toujours vraie, sans tous ces moyens de la rendre plus piquante. Ces suppressions de certaines lumieres que l'exacte vérité donneroit, & que l'art éteint pour augmenter l'harmonie ou l'effet, seroient autant de défauts blâmables, quelque plaisir qui pût en résulter.

Ce n'est pas cependant qu'on prétende approuver ces couleurs factices, qui ne sont en effet que le roman de la peinture. Ce qui s'éloigne absolument de la vérité, est toujours repréhensible. Mais c'est encore une preuve qu'il y a des beautés dans cet art, indépendantes de l'exacte imitation du vrai. Et puisque souvent ces romans pleins de faussetés, mais agréables, plaisent à l'œil même du connoisseur, il en faut conclure que c'est la réunion de plusieurs de ces beautés étrangeres à l'illusion, qui force en quelque maniere à pardonner le défaut d'apparence de vérité.

L'une des plus grandes beautés de l'art, qui a encore moins de rapport avec l'illusion, puisqu'elle n'a pas même de fondement dans la nature, & qu'elle est uniquement l'effet du fentiment qui meut l'artifte en opérant ; c'eft cet art dans le travail, cette fûreté, cette facilité de maître, qui fouvent fait toute la différence du vrai beau, de ce beau qui excite l'admiration, avec le médiocre qui nous laiffe toujours froids. C'eft ce *faire* (ainfi que le nomment les artiftes) qui diftingue l'original d'un grand maître d'avec la copie la mieux rendue, & qui caractérife fi bien les vrais talens de l'artifte, qu'une petite partie d'un tableau, même la moins intéreffante, décele au connoiffeur que le morceau doit être d'un grand maître. C'eft ce *faire*, enfin, qui, détruit par la lime & le cizelet, dans la belle ftatue du Roi par *M. Bouchardon*, lui a fait perdre un des principaux mérites, qui l'eût fait admirer par la postérité, & que *M. Pigalle* a eu le courage de conserver dans le beau monument qu'il a fait pour la ville de Rheims.

Le vrai beau dans les deux arts doit joindre aux diverses parties de l'art la franchise de la touche & la facilité du *faire* : d'où s'ensuit, dans la peinture, la pureté des tons ; & dans la sculpture, les graces du travail qui termine l'ouvrage, & qui ne peut jamais être confié à l'éleve. Quelquefois le plus grand maître a moins de correction & de justesse sévere que l'homme médiocre ; mais son travail, ou rempli de force & de chaleur, ou doué de graces, donne le goût & l'ame à ce qui sort de son pinceau ou de son cizeau. On ne prétend pas que le *faire* soit la seule partie essentielle, mais c'est elle qui couronne toutes les autres ; & l'on croit pouvoir avancer que, quant au plaisir qui en réfulte pour les connoiffeurs, rien ne le peut fuppléer. Un artifte médiocre peut recevoir d'un grand maître la compofition, & les principaux effets de la lumiere dans la peinture, les formes générales & les principales maffes dans la fculpture, fans qu'il en réfulte une chofe vraiment belle, par le défaut de ce fentiment & de ce favoir qui produifent feuls le beau *faire*.

Peut-être fera-t-on étonné que le *faire* foit confidéré comme une beauté fi effentielle. Il n'eft que trop de gens qui, faute de le bien connoître, le regardent comme une forte de mé-chanifme. Mais c'eft une erreur : elle eft particuliérement bien fentie par les artiftes, & ils conviendront qu'entre un ouvrage médiocre & un excellent, il n'y a fouvent que cette différence.

On en fera moins furpris, fi l'on obferve que, même dans la poéfie, il

y a un *faire* qui est extrêmement essentiel, & qui acheve d'y donner toute
la supériorité & la perfection dont
elle est susceptible. L'art de faire facilement de beaux vers, celui de s'é-
noncer avec justesse, avec force, ou
avec grace, enfin, la poésie du style
est-elle autre chose ? Les sentimens
que Pradon donne à Phedre dans sa
tragédie, font à peu près les mêmes
que ceux que Racine lui a prêtés :
mais quelle différence dans la maniere
de les exprimer ! Que de conteurs
peuvent employer les mêmes idées
que *Lafontaine* ! Mais (si l'on peut ha-
sarder cette expression) combien son
faire est au-dessus du leur !

Pour achever de prouver cette
assertion par des exemples sensibles
& connus, je ne citerai que quelques ouvrages modernes. On se rap-
pellera facilement deux bas-reliefs
imités, l'un par M. *Chardin*, l'autre
par M. *Oudry*. Ce dernier étoit un

très-

très-habile homme , & peignoit avec facilité ; l'illusion étoit égale dans les deux tableaux , & l'on étoit obligé de toucher l'un & l'autre , pour s'aſſurer que ce fût de la peinture. Cependant les artiſtes & les gens de goût n'admettoient aucune égalité entre ces deux ouvrages.

En effet , le tableau de M. *Chardin* étoit autant au-deſſus de celui de M. *Oudry* , que ce dernier étoit lui-même au-deſſus du médiocre. Quelle en étoit la différence , ſinon ce faire que l'on peut appeller magique, ſpirituel, plein de feu , & cet art inimitable qui caractériſe ſi bien les ouvrage de M. *Chardin* ?

L'un des genres de la peinture où le vrai eſt le plus eſſentiel, c'eſt certainement celui que profeſſe M. *Vernet* avec tant d'éclat. Cependant , quelque admirable que ſoit le degré de vérité auquel il eſt parvenu , ſi ſa touche n'étoit pas auſſi ſpirituelle,

G

& son exécution aussi facile & aussi animée , il ne seroit pas ce grand peintre si justement admiré de tous les artistes.

Concluons donc que ce vrai qui semble tendre à faire illusion, est la premiere qualité essentielle ; que les connoisseurs & le public sont en droit de l'exiger ; que tout ouvrage qui s'en éloigne trop, est très-repréhensible, quelques beautés qu'il ait d'ailleurs ; que cependant, non-seulement ce n'est pas la seule beauté de l'art , mais que ce n'est pas même celle qui sert le plus à distinguer l'excellent artiste d'avec le médiocre ; que ce n'est point celle enfin qui constitue le sublime de l'art.

Peut-être objectera-t-on que , si ce n'est pas le vrai seul qui fait le mérite de l'art ; que si ce n'en est même pas la plus rare partie , on en peut tirer la conséquence que ce n'est pas la plus difficile ; qu'il est donc bien étonnant qu'il y ait si peu d'artistes qui la possèdent? A quoi l'on répondra que, quand même on ne la regarderoit pas comme la plus difficile, il ne s'enfuit pas qu'elle ne soit point d'une difficulté extrême ; que s'il y a peu de personnes qui saisissent le vrai, c'est qu'en effet il y en a peu qui le cherchent avec les efforts nécessaires, ou sans être aveuglées par quelques préjugés. Mais loin qu'on veuille tolérer cette négligence, on croit devoir s'en plaindre avec amertume. Et l'on n'en conclut pas moins, qu'en supposant qu'on soit arrivé au plus près du vrai, il reste encore à le rendre avec art, & que c'est précisément ce qui caractérise le grand artiste.

*

De la grandeur des figures dans les édifices & dans les plafonds.

IL n'est que trop souvent arrivé que des erreurs érigées en principes soient devenues des regles, & que de bons esprits s'y soient assujettis, faute de réflexion ou du courage néecessaire pour secouer le joug qui leur avoit été imposé par leurs prédécesseurs ; les arts sur-tout ont été exposés à ce malheur. L'artiste, malgré ce que lui indiquoient ses lumieres naturelles, s'est cru à l'abri de tout reproche, lorsqu'il s'est appuyé sur l'exemple des maîtres les plus célebres.

On croit pouvoir ranger au nombre de ces erreurs, la prétendue regle qui fait peupler les grands édifices de colosses au-dessus des proportions établies par la nature & bien mieux encore celle qui prefcrit d'aggrandir les figures à mefure qu'elles fe trouvent dans un plus grand éloignement. Nous commencerons par examiner cette derniere, attendu qu'elle eft la plus abfurde, & heureufement la moins enracinée.

Cette erreur tire fon origine d'une finguliere fuppofition ; on a prétendu que les figures dont on décore les édifices, à quelque diftance ou à quelque hauteur qu'elles fuffent placées, ne pouvoient produire un bon effet qu'autant qu'elles donneroient dans l'œil une image égale à celle d'une figure humaine qui fe trouveroit placée à une diftance modérée : comme fi le plaifir que nous fait éprouver la vifion, étoit le réfultat de la comparaifon de ces images peintes dans notre œil, tandis que la plupart des hommes ignorent même qu'elles y foient peintes ! Nos jugemens ne feroient-ils juftes, & notre fatisfaction fondée, qu'autant que nous ferions inftruits d'un problême d'optique, dont la démonftration exige beaucoup de connoiffances préliminaires ? C'eft de là qu'on eft allé chercher dans cette fcience les moyens de fixer la mefure de ces images, & que l'on a prétendu en faire une regle affez puiffante pour fubjuguer le fentiment naturel donné à tous les hommes.

Selon cette prétendue regle, la diftance de la reculée de l'œil du fpectateur étant donnée, & la grandeur d'une figure qu'on a placée au bas de l'édifice l'étant également, il faut prendre fur un quart de cercle dont l'œil eft le centre, & dont le rayon eft cette diftance, la grandeur qu'y donne la figure pofée en bas ; enfuite, pour trouver la grandeur de la figure qu'on veut mettre en haut, il faut tirer du point où doit être placée cette figure, une ligne prolongée jufqu'à l'œil, & qui coupe en un autre point le quart de cercle. En portant de ce point de fection fur le quart de cercle la même grandeur de la figure d'en bas, on trouve un fecond point de fection par lequel on tire une autre ligne, qui part de l'œil, & qui paffe par ce point; d'où on la prolonge jufqu'à ce qu'elle coupe une perpendiculaire élevée fur le point donné pour le lieu où feront placés les pieds de cette figure d'en haut. Ces deux lignes alors, ayant l'ouverture d'un angle égal à celui que la figure d'en bas avoit donné fur le quart de cercle, on en conclud que la fection que leur prolongation donne fur la perpendiculaire élevée en haut, eft la grandeur demandée d'une figure placée à cette élévation, parce qu'il eft évident que les images des deux figures inégales entr'elles feront égales dans notre œil.

Cette perpendiculaire, en coupant

l'angle prolongé de biais, est d'autant plus longue , que la position de la figure est plus éloignée de l'œil. Supposons, par exemple, qu'avec une reculée de soixante pieds, la grandeur donnée de la figure d'en bas étant de six pieds , on ait à placer une figure à soixante pieds de hauteur; selon cette regle, à cette élévation, la figure devroit avoir treize pieds. Or, cette grandeur, comme l'on voit, est déja assez ridiculement disproportionnée avec une figure de six pieds, puisqu'elle est plus que quadruple en volume. Mais ce seroit bien pis encore si l'on supposoit qu'avec la même reculée, on eût besoin de placer une figure à cent vingt pieds de hauteur, comme au haut des tours d'une église , puisqu'alors cette figure devroit avoir quarante-deux pieds, & que si elle étoit à cent cinquante pieds, il faudroit lui donner qua-

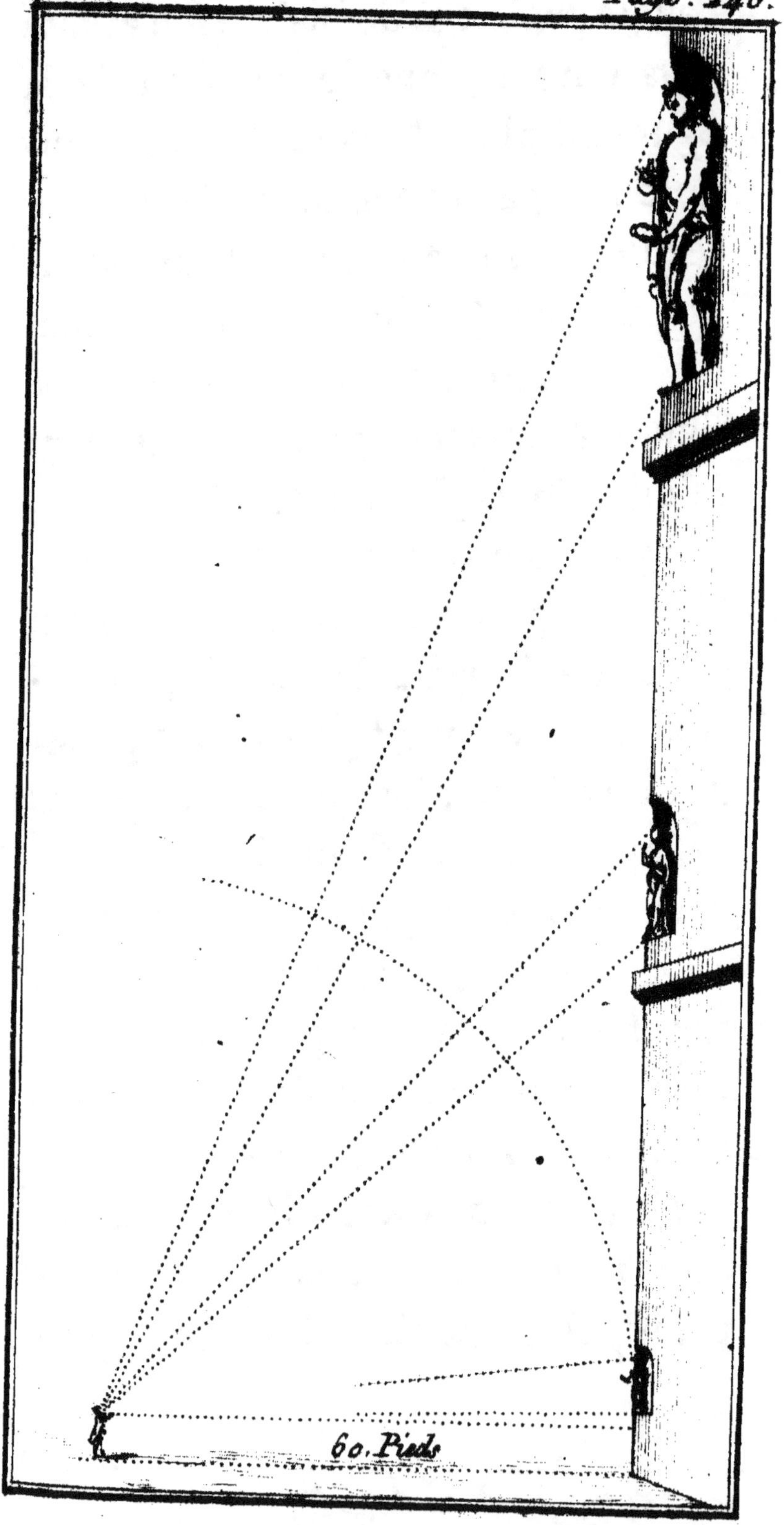

Tom. III.
Page. 348.
60. Pieds

tre - vingt pieds de hauteur [1].

L'abſurdité des réſultats de cette prétendue regle, ſuffit pour en démontrer la fauſſeté. On la trouve cependant dans la plupart des traités de perſpective, faits par des auteurs qui n'étoient point artiſtes, & qui, ſans examen, ſe ſont copiés les uns les autres [2].

Mais pourquoi a-t-on imaginé qu'il falloit que toutes les figures d'un édifice donnaſſent une image égale dans notre œil ? Cette ſuppoſition n'eſt-elle pas entiérement contraire aux effets de la nature ? Les figures & les objets quelconques, à meſure qu'ils s'éloignent de nos yeux, ſoit à cauſe de leur élévation, ſoit en raiſon de

[1] Quel eſt l'homme aſſez borné, pour ne pas ſentir que ces effroyables coloſſes n'ont aucune relation avec la figure de ſix pieds qui eſt en bas ?

[2] Voyez la perſpective de *l'abbé Deydier* (chez *C. A. Jombert*, pere) & les notes qui y ont été ajoutées.

leur diſtance, y donnent une image plus petite. A-t-on prétendu nous tromper ſur ces mêmes diſtances & ſur ces mêmes degrés d'élévation? On avouera que cette idée ſeroit très - extravagante, puiſque l'expérience a appris à tous les hommes à juger des diſtances, ſinon préciſément, moins aſſez pour les tenir en garde contre toutes les illuſions qu'on croiroit pouvoir leur faire à cet égard. Il n'arriva jamais à perſonne de prendre un maçon qu'il voit au haut d'un bâtiment, pour un enfant, parce que l'image qu'il reçoit dans ſon œil, eſt plus petite que l'image réelle? Il eſt vrai qu'on ne meſure point cette image; mais l'homme, accoutumé à voir diminuer à ſes yeux les objets à proportion de leur éloignement, apprécie aiſément leur grandeur & leur diſtance, par la ſeule habitude qu'il a naturellement acquiſe de les juger : d'ailleurs on ne juge pas feulement par cette connoiffance des proportions relatives , mais encore par l'effet de la lumiere , & par les changemens , & le degré d'affoibliffe- ment qu'apporte l'interpofition de l'air ; & c'eft fur quoi il n'eft aucun moyen de tromper.

On remarque particuliérement les mauvais effets de cette prétendue regle d'aggrandir les figures à mefure qu'elles font élevées , dans le bâti- timent du Luxembourg , au portail du côté du jardin. Sur une architec- ture d'une proportion moyenne , puifqu'il y a un ordre à chaque étage, on a élevé , à l'attique , des figures de fept à huit pieds de proportion ; & fur le fronton qui couronne ce même attique , on a doublé cette me- fure, c'eft-à-dire , qu'elles font qua- druples en volume : d'où il réfulte que les yeux les moins exercés en font vraiment choqués , & qu'ils le font également à l'afpeɛt du portail de *S. Gervais*, où la grosseur ridicule des figures dépare l'ensemble de l'architecture, en la faisant paroître trop petite.

Il est encore à remarquer que l'architecture devient plus légere à mesure qu'elle s'éleve ; que le diametre des colonnes diminue, & que les ornemens en font plus délicats. Donc vouloir que les figures grossissent en raison de leur éloignement, c'est vouloir diminuer proportionnellement l'architecture, & travailler à la rendre mesquine.

Lorsque dans un grand fronton porté par des colonnes de dix à douze pieds, telles que seroient celles d'un troisieme ordre, on voit des figures de neuf à dix pieds, il faudroit avouer de deux choses l'une, ou que l'architecture est trop petite, ou les figures trop grosses. Il n'est cependant presque point de sculpteur qui ne tombe dans ce défaut, attendu (disent-ils) que les détails échapperoient aux yeux. Mais ne devroient-ils pas penser qu'on n'en doit point appercevoir à cette distance; qu'il suffit que les masses soient bien décidées, de bonnes formes, & fassent sentir les objets tels que la nature les présenteroit aux yeux?

Qu'il soit ici permis de se livrer à une digression d'autant moins étrangere à ce sujet, qu'elle concerne une des autorités sur lesquelles on se fonde pour soutenir l'erreur dont nous parlons ici. On trouve dans presque tous les livres de perspective un fait tiré de l'histoire Grecque, mais mal entendu par les auteurs qui, suivant la coutume de tous les tems, se sont scrupuleusement copiés les uns les autres. *Phydias*, dit - on, avoit fait une statue pour être placée au haut d'un temple. Un autre sculpteur, son rival, quoique fort inférieur en talens, en avoit fait une aussi. Celle de *Phydias* paroissoit moins bien, étant placée par terre à côté de l'autre. Il demanda qu'elles fuſſent miſes dans les places pour leſquelles elles étoient deſtinées , & alors *Phydias* l'emporta pleinement ſur ſon concurrent. On ne conteſtera point un fait ſi ſimple & ſi facile à expliquer ; mais ces auteurs, *non artiſtes*, ſe ſont imaginés que cela venoit de certaines diſproportions que *Phydias* avoit pratiquées à deſſein, & qui ne pouvoient produire tout leur effet qu'à la hauteur où devoit être placée la figure. De-là, ils ſe ſont donné la peine d'imaginer des regles de diſproportion , dont le réſultat ſeroit tout-à-fait ridicule. Ils ont cru qu'il falloit que les membres d'une figure changeaſſent de proportion , à meſure qu'ils s'éloignoient de l'œil : d'où il s'enſuivroit que les cuiſſes devroient être plus longues que les jambes ; que le corps , relativement au degré d'éloignement, ſeroit porté au-delà de sa mesure , & que la tête enfin , qui est encore à une plus grande distance , se trouveroit hors de proportion avec tout le reste. Ils n'ont pas senti qu'une statue de ronde bosse doit faire exactement l'effet que feroit un homme véritable placé dans ce point de vue; qu'elle n'est raccourcie que parce qu'elle doit l'être eu égard à l'éloignement ; que si l'on exécutoit une figure selon cette prétendue regle , elle ne paroîtroit plus une figure à plomb sur ses pieds , parce qu'elle présenteroit un aspect semblable à celui d'une figure penchée en avant; qu'enfin , en supposant ce qui ne se peut supposer , vu la justesse naturelle de notre jugement , c'est-à-dire, qu'une pareille figure fût supportable d'un point donné , elle deviendroit ridicule de tous les autres points où le spectateur jugeroit à propos de se placer. Mais il est inutile de s'appesantir davantage fur une abfurdité dans laquelle heureufement aucun artifte n'eft encore tombé.

Le jugement porté fur la ftatue de *Phydias*, s'explique très-naturellement, en difant que fon adverfaire avoit probablement travaillé fa ftatue avec foin, mais l'avoit trop finie ; & que *Phydias* avoit travaillé la fienne en quelque maniere groffiérement, & par grandes maffes décidées : d'où il s'enfuivoit que, vue de près, elle n'offroit aux yeux qu'une ébauche ; mais que, mife en place, elle avoit produit tout fon effet, tandis que les adouciffemens & tous les détails inutiles dans lefquels étoit entré le rival de *Phydias*, ne préfenterent plus qu'une figure ronde, molle & fans caractere, à côté de celle de l'artifte intelligent, fortement caracterifée, & acquérant ce qui manquoit à fon fini par le voile adouciffant de l'air intermédiaire.

De

De la prétendue regle dont nous
avons démontré la fauſſeté, s'eſt en-
ſuivi celle de tenir les figures démeſu-
rément fortes, lorſqu'elles ſont dans
un grand lieu, & où l'on a beaucoup
de reculée. On ſemble ne penſer qu'à
l'effet du point de vue le plus éloigné, qui, à la vérité, les rend plus
ſupportables, & l'on néglige de remarquer le mauvais effet qu'elles font
des divers points où l'on peut ſe
trouver en s'en approchant. On croiroit volontiers que l'artiſte a imaginé pouvoir faire oublier au ſpectateur la diſtance réelle qui ſe trouve
entre lui & l'objet. On avouera
même qu'on y a quelquefois réuſſi
juſqu'à un certain point, c'eſt-à-dire
pour un inſtant; mais cette eſpece
d'illuſion n'en eſt pas moins contraire
au vrai, & par conſéquent un défaut
très-réel.

L'exemple le plus fameux ſur lequel on s'appuie pour juſtifier cette

opinion, eſt celui de l'égliſe de *Saint Pierre de Rome*. Cette égliſe, en effet, eu égard à ſa grandeur coloſſale, ne peut être comparée à aucune autre; d'où l'on pourroit conclure qu'elle ne peut ſervir de regle pour les édifices ordinaires. Mais nous oſons avancer que, même dans cette égliſe, ce n'en eſt pas moins un défaut, & d'autant plus repréhenſible, qu'il nuit à l'effet que l'on s'étoit propoſé de produire. Car on convient généralement qu'au premier coup d'œil jetté ſur l'inté- rieur de cette égliſe, elle ne paroît point, à beaucoup près, auſſi grande qu'elle l'eſt effectivement. Les Italiens, qui vantent tout ce qu'ils poſſedent avec une eſpece de fanatiſme, vou- droient perſuader que c'eſt un des grands mérites de cet édifice, que de ne préſenter à peu près que l'apparence d'une égliſe ordinaire, & de faire naître l'étonnement à meſure qu'on en parcourt la vaſte étendue. Mais fi , par complaifance , on fe livre d'abord à cette idée , la réflexion qui ne tarde pas à la détruire , remet la chofe à fa jufte valeur , & l'amateur éclairé ne peut bientôt plus fe diffimuler que ce qu'on lui vante comme une beauté , ne foit réellement un défaut.

En effet , où feroit le mérite de faire paroître une grande chofe petite ? A quoi ferviroit-il de dépenfer plufieurs centaines de millions à la conftruction d'un édifice , fi , lorfqu'on le toife des yeux , le premier fentiment qu'il infpire eft de faire croire qu'il n'en a dû coûter que quinze ou vingt ? Il y auroit bien plus d'adreffe à faire paroître un édifice plus grand qu'il ne l'eft en effet ; & c'eft ce qu'on croit appercevoir dans plufieurs églifes gothiques ; & en cela (le mauvais goût des ornemens mis à part) , cette architecture semble l'emporter sur celle des Grecs.

Ce défaut de l'église de *Saint Pierre de Rome* (qu'il soit permis de le dire, en se dépouillant de tous préjugés) vient, non pas d'un effort d'imagination, ni de la beauté des proportions, comme on voudroit le faire croire, mais de ce qu'elle est dans les mêmes proportions & décorations que celles d'une église ordinaire. De-là vient que lorsqu'on y entre, on n'éprouve presque d'autre sensation que celle qui résulte de l'entrée de nos grandes églises, avec l'idée vague d'une grandeur plus considérable; mais non pas avec la persuasion déterminée de sa grandeur effective.

Les architectes qui ont construit cet édifice, sans porter plus loin leurs réflexions sur ce qu'auroit pu exiger la demande qu'on leur faisoit d'ériger une église qui parût la sou-

veraine de toutes les autres, ont pris
tout bonnement les plans & les décorations des églifes ordinaires , &
ont cru qu'il fuffifoit d'en doubler ou
tripler toutes les dimenfions : &
peut-être , au contraire , feroit-on
fondé à penfer que, dans un cas tel
que celui-ci, où il s'agiffoit d'un édifice fi différent de tous les autres, on
auroit dû chercher un genre d'architecture, des proportions & des décorations auffi différentes de celles
qui font propres aux petits édifices,
que ce bâtiment differe en effet d'a-
vec eux, ne feroit-ce que par fon
immenfité.

Mais fans trop nous livrer à cette
difcuffion étrangere à notre objet, il
eft certain du moins que lé moyen
de faire paroître grande la décoration d'architecture qu'on y adaptoit,
n'étoit pas celui de groffir à l'excès
les figures & les autres ornemens
déja connus. C'eût été plutôt de les

multiplier & de les diftribuer avec goût, en laiffant des repos diftribués de façon qu'ils ferviffent à faire paroître grands les efpaces dans lefquels ils feroient placés.

Rien n'eft grand ni petit, que par comparaifon. Si l'on veut qu'une grandeur quelconque ait l'air coloffale, il ne s'agit que de placer auprès de cet objet un autre objet dont la grandeur foit auffi déterminée que vulgairement connue; c'eft ce que fit le peintre *Timante*, & dont il fut loué bien au-delà de ce que méritoit cette petite découverte. Pour faire connoître la grandeur du géant qu'il avoit voulu peindre, il peignit un berger, qui avec fa houlette mefuroit la plante des pieds de ce coloffe.

Dans *Saint Pierre de Rome*, tous les détails contribuent à détruire l'idée de grandeur dont on devroit y être faifi au premier afpect ; les figures, qui font l'échelle naturelle avec laquelle nos yeux mefurent tout, y font toutes coloffales; celles d'en bas ont environ treize pieds, celles des niches en ont environ dix-huit, & celles qui font au-deffus des archivoltes & des arcades, en ont à peu près vingt-cinq : d'où il arrive que lorfqu'on fixe une de ces archi-voltes, & qu'on y voit des figures couchées qui l'entourent prefqu'en-tiérement, de même que des figures de fix pieds entourent une arcade ordinaire, on ne penfe guere à lui fuppofer plus de grandeur qu'à toutes les arcades qu'on a ci-devant vues.

Si au contraire, au lieu de ces fi-gures, les triangles mixtes que laiffe à décorer le ceintre de l'arcade, étoient ornés de bas-reliefs de figures de neuf à dix pieds de hauteur, ainfi qu'elles euffent convenu à cet édi-fice; leur grandeur & la quantité que cet efpace en auroit contenu, feroient des *données* qui avertiroient l'œil que cette arcade eſt d'une di-menſion extraordinaire. Et delà le majeſtueux, delà l'étonnement qu'il a droit d'inſpirer.

Les niches ordinaires d'une égliſe, ſont de ſept à huit pieds, & contien-nent une figure de ſix pieds. En ſup-poſant que les niches fuſſent néceſſai-res dans cette ſorte d'édifice, & que leur proportion dût être analogue au bâtiment, il s'enſuivroit que des niches de vingt à vingt-deux pieds de hauteur, & qu'on voudroit qui paruſſent les avoir, devroient con-tenir, non une figure ſeule dont il faudroit faire un géant, mais un grouppe de pluſieurs figures : la niche alors paroîtroit grande ; tandis qu'au contraire une figure ſeule, quelque coloſſale qu'elle fût, ne paroîtroit qu'une figure ordinaire placée dans une niche, telle que celles qu'on a couſme de voir ; attendu que la

figure

figure & la niche ne peuvent avoir d'autre objet de comparaison qu'elles-mêmes.

Par la même raison, les bénitiers de Saint-Pierre, qui font composés d'un grouppe d'enfans, d'environ sept pieds de proportion, ne paroiffent, par tous ces défauts d'objets de comparaison, que des enfans de deux ou trois pieds; ce n'est que lorfqu'on s'en approche, & qu'on les compare à foi-même, ou à quelque perfonne qui fe rencontre auprès, qu'on peut juger de leur monstrueuse grandeur. Si l'on dit que cela ne bleffe pas les yeux, parce que tous les objets de comparaison que l'architecte a employés y font relatifs, on peut répondre que c'est fauver un défaut par un autre, que la comparaison avec foi-même fe fait inévitablement, & que le fentiment qui en réfulte est celui de l'étonne-ment qui n'entraîne pas toujours l'admiration ; qu'on ne peut fe difpenfer de fentir que ces objets font exceffivement hors de la nature, & qu'enfin ils empêchent que l'architecture ne paroiffe auffi grande qu'elle l'eft.

Nous ne blâmerons point la groffeur des pilaftres, qui ont huit pieds de diametre. Les colonnes & les pilaftres n'ont point de relation avec la grandeur naturelle de l'homme, mais uniquement avec ce qu'ils doivent porter. Ainfi, ayant à porter une voûte grande comme l'arche d'un pont, il faut qu'ils paroiffent d'une force fuffifante pour la foutenir. Plufieurs auteurs qui ont traité de l'architecture, ont tâché d'établir quelque rapport entre les ftatues dont on orne un édifice, & l'ordre qui le décore; mais les diverfités qu'ils ont été forcés d'admettre dans ces proportions, pour ne pas tomber dans des abfurdités palpables, ont dû leur faire connoître que cette relation ne

fauroit avoir lieu. La véritable relation des ftatues eft avec la nature
humaine dont elles font l'image ; ainfi
elles ne doivent jamais excéder de
beaucoup ce qu'elle peut préfenter
de plus grand.

De ce que l'on a cru que les grands
édifices n'exigeoient pas d'autres proportions, ni d'autres décorations que
les petits, il s'eft enfuivi que lorfqu'il a fallu mettre des baluftrades en
quelque lieu de ce grand édifice, on
les a faites de fix à fept pieds de hauteur. Leur proportion eft cependant
donnée par la hauteur d'appui naturelle à l'homme, & il eft même néceffaire qu'il puiffe s'y accouder, fans
quoi elles ne lui font d'aucun ufage,
& fortent entiérement de leur deftination. D'après ces mêmes principes
de doubler toutes les dimenfions, on
devoit donc faire les marches des
efcaliers de cette églife de plus d'un
pied de hauteur & de trois pieds de

giron. Mais c'eſt là qu'il a fallu chan-
ger de ſyſtême, car on auroit eu
peine à en perſuader la juſteſſe à ceux
qui auroient eu à gravir ſur ce per-
ron. On doit donc croire comme certain, que tout ce qui eſt relatif à
l'homme, doit être aſſujetti aux proportions données par la nature. On
ne diſconvient point qu'à une ſi
grande élévation, des hauteurs d'appui de deux pieds & demi à trois
pieds, ne pourroient pas être traitées
en baluſtres à l'ordinaire, elles de-
viendroient peut-être trop meſquines;
mais alors, il faudroit imaginer un
autre genre de décoration, ſans chan-
ger la hauteur donnée par la nature.
C'eſt même un des moyens les plus
ſimples de donner à connoître le co-
loſſal d'un édifice, que d'obſerver
d'y conſerver la grandeur vraie de
toutes les choſes qui nous ſont connues; c'eſt une échelle naturelle, qui
nous fait juger avec juſteſſe des pro-

portions de tout ce qui eſt à côté.

A ces exemples, dans l'architecture & dans la ſculpture, qui ont entraîné & qui entraîneront encore tant d'ar- tiſtes dans l'erreur, il s'en joint d'autres non moins célebres dans la peinture. Les hommes ſont naturel- lement imitateurs, & il en eſt peu qui oſent s'élever au-deſſus des pré- jugés reçus. Les fameux plafonds du *Correge*, à Parme, où les figures ſont coloſſales, ont ſervi de regle à pref- que tous ceux qui en ont fait depuis. On n'a cependant pas oſé prendre pour modele celui de l'égliſe de S. Jean, où cinq ou ſix géans rempliſſent la voûte : on s'eſt meſuré ſur la grandeur des figures du plafond de l'*Aſſomp- tion de la Vierge* , dans la cathédrale. On n'a point conſidéré que ce grand maître, ſi étonnant par la chaleur de ſon imagination, la grandeur & le large de ſa maniere, la beauté & la fraîcheur de ſon coloris, pouvoit cependant se tromper à d'autres égards; qu'avant lui on avoit fait peu de coupoles, & qu'ainsi il n'a pu juger par des exemples, des avantages qui résulteroient d'une plus petite proportion; qu'enfin il a pu être entraîné à forcer la grandeur de ses figures, par la difficulté de composer avec de plus petites. Il ne faut point se le cacher ; la difficulté de trouver des ressources dans son génie pour imaginer des plans variés & des grouppes ingénieux sous des aspects si ingrats & si difficiles à traiter, & celle de les multiplier assez pour enrichir de si grands espaces, entrent pour beaucoup dans l'usage établi à cet égard. On cherche à se sauver, en mettant peu de figures & bien grosses.

On ne considere point que c'est un moyen certain de faire paroître un plafond ou une coupole plus petits & moins élevés qu'ils ne sont en effet, & d'approcher les figures du fpectateur, autant que la peinture peut le faire, au lieu de les en éloigner. Cependant le premier but qu'on fe propofe en traitant un plafond, c'eft de le faire paroître plus grand & plus élevé qu'il n'eft. Il eft donc bien fingulier que le moyen dont on fe fert pour y parvenir, foit précifément contraire à ce but. Au moyen des groffes figures qu'on met fur les devants, on parvient en effet à faire paroître petites & élevées celles que l'on fuppofe fur des plans plus éloignés de l'œil ; mais ces coloffes paroiffent des géans qui n'ont d'autre rapport que celui de conformation en gros avec la nature vulgairement connue.

On ne prétend pas cependant blâmer ce défaut au-delà de ce qu'il mérite de l'être. Les plus grands artiftes peuvent y être tombés, fans que cela diminue en rien l'eftime

I iv

due à leurs rares talens ; la suppofi-
tion qu'ils ont faite, quoique contraire à la vraifemblance , n'a rien
qui ne puiffe s'accorder avec les plus
grands fuccès dans toutes les parties
de l'art. C'eft un léger défaut de réflexion, dans lequel on eft entraîné
par l'exemple & par l'opinion générale , & dont par conféquent il eft
difficile de fe défendre. Si donc ces
réflexions femblent pouvoir s'appliquer à quelques ouvrages modernes
qui ne paroiffent pas exempts de ce
défaut, on croit devoir prévenir le
lecteur, qu'on n'a point eu intention
de déprimer les artiftes auxquels ils
font échappés ; on fe propofe feulement de foumettre à l'examen de la
raifon, les moyens dont ils ont fait
ufage pour parvenir à un grand effet,
afin que s'ils fe font égarés , en fui-
vant les grands maîtres qui les ont
précédés , ceux qui les fuivront à
leur tour y réfléchiffent , & exa-

minent s'il n'eft pas des moyens plus sûrs pour arriver au but d'aggrandir & d'élever les plafonds , que ceux que la routine a conftamment tracés jufqu'à préfent.

Si l'on examine avec quelque attention la caufe du plaifir qu'on éprouve à l'afpect de ces plafonds , on verra que ce qui y plaît le plus , ce font les grouppes de figures qui font en quelque maniere au fecond plan , parce qu'elles approchent de la proportion qu'auroit la figure humaine placée à cette hauteur. On n'éprouve point la même fatisfaction, lorfqu'on regarde les groffes figures qui font fur les bords , quelque belles qu'elles foient à tous égards : elles font fi fortes qu'on ne connoît aucune nature qui en approche ; à quarante ou cinquante pieds de hauteur, on les porte quelquefois jufqu'à dix ou onze pieds de proportion. Il ne faut point croire que la diftance où elles font de l'œil, puiffe ne les faire paroître que de grandeur naturelle. Il n'eft point d'homme, quelque peu exercé qu'on le veuille fuppofer à l'égard des effets de la peinture, qui ne juge d'abord que ces figures font plus grandes que nature. Le motif, ou plutôt l'excufe qu'apportent les partifans de cette opinion à ceux qui s'étonnent de cette groffeur outrée , confifte cependant à dire qu'on les fait ainfi , afin qu'elles paroiffent de grandeur naturelle. On fe juftifie par les autorités qu'on allegue ; l'exemple des grands hommes fubjugue pref-qu'invinciblement : on n'imagine pas même qu'on pût avoir quelque fuc-cès, en s'écartant de la route qu'ils nous ont tracée. Il faudroit d'au-tant plus de courage pour hafarder une nouveauté auffi hardie que celle de ne faire les plus grandes figures d'un plafond que de grandeur natu-relle, que nous n'avons aucune au-

torité à citer , aucun exemple à présenter du bon effet qui en résulteroit.
Ainsi , quoiqu'adopté par plusieurs
artistes , ce sentiment peut étonner ,
comme ayant l'air d'un paradoxe ;
mais il paroît qu'il doit suffire à un
artiste qu'on lui ait prouvé que la
raison & la vraisemblance l'exigent ,
pour l'exciter à oser le tenter.

On n'a point dissimulé que cela
rendroit encore plus difficile la composition de ces grands morceaux , qui
l'est déja si considérablement par elle-
même , à cause de l'extrême raccourci
des figures qui approchent du centre.
Au lieu d'un petit nombre de figures
qu'on y met , & qui souvent ne sont
qu'à demi raccourcies , il y faudroit
des groupes de nuages chargés de
plusieurs figures ; & cela est d'autant
plus ingrat à traiter , qu'on ne peut
jamais appercevoir que celles qui
sont tout-à-fait sur le bord , celles
de derriere devant être entiérement

recouvertes. Mais outre que l'on a la reſſource des figures qui volent tranſverſalement, & qui font toujours un très-bon effet, nous ajouterons qu'il n'eſt point de difficultés que le génie ne puiſſe ſurmonter ; & d'ailleurs l'œil eſt toujours ſatisfait, lorſque l'art lui préſente tout ce qui eſt du reſſort de ſon pouvoir.

De tout ce qui a été dit ci-deſſus, nous conclurons que la raiſon & le goût ne permettent pas que dans les édifices ordinaires & faits pour l'uſage des hommes, les figures, ſoit en peinture, ſoit en ſculpture, s'éloignent trop de la grandeur naturelle. Nous conviendrons cependant que la ſatisfaction de l'œil, & ſurtout l'habitude, peuvent exiger que les figures ſoient plus fortes dans les lieux où l'on a beaucoup de reculée pour les voir ; mais il ne s'enſuit pas que cette augmentation puiſſe être portée aux excès dont a parlé ci-devant.

Il eſt encore à obſerver que la ſculpture , à moins qu'elle ne ſoit placée dans l'intérieur d'un apparte-ment, demande à être de la propor-tion de ſix pieds ; elle repréſente preſque toujours la nature nue , en tout ou en partie. Or , la nature elle-même , dépouillée de vêtemens , pa-roît plus petite qu'elle ne l'eſt en effet. D'ailleurs la proportion de ſix pieds n'eſt point hors de la nature , & le ſculpteur eſt toujours ſuppoſé devoir repréſenter la plus belle.

Nous convenons que dans un bâ-timent très-vaſte il peut être avanta-geux , & même ſi l'on veut néceſſaire, d'augmenter la proportion des figu-res ; mais on ne doit pas en conclure qu'on puiſſe étendre cette licence juſqu'à la diſproportion qu'il y a en-tre une ſtatue de ſix pieds & une de dix-huit ou même de vingt-cinq , c'eſt-à-dire , neuf ou ſeize fois plus volumineuſe. Eſſayons de trouver

une proportion raifonnable, qui con-
cilie à la fois quelque rapport avec
la nature humaine & la loi qu'on croit
impofée par le goût, d'obferver
quelque relation avec le coloffal de
l'édifice. Mais ne perdons point de
vue que tout bâtiment eft fait pour
être préfenté à des hommes accoutumés à juger de la grandeur de leurs
femblables à toutes fortes de diftances ; de forte que, fi l'on emploie des
figures coloffales, ils les jugeront
toujours telles à quelque diftance,
à quelque hauteur qu'elles puiffent
être. Si nous prenons des dimenfions
plus grandes, ce n'eft donc point
dans la vue de les tromper, mais
afin que les beautés, dont la fculpture eft fufceptible, ne foient point
perdues par le trop grand éloignement.

On conviendra que dans une nef
d'environ quarante-deux pieds, telle
que celle de l'églife de *S. Sulpice*,

des figures de six pieds feroient fuffifantes. Il eft vrai que M. *Bouchardon*
leur a donné quelque chofe de plus;
mais il eft vrai auffi qu'elles paroiffent un peu fortes, lorfqu'on ne prend
pour reculée que la largeur de la nef;
à plus forte raifon, fi on les regardoit
du milieu du chœur, où elles font placées [1]. La nef de *S. Pierre de Rome*
eft le double de celle-ci. Quelle fera
donc la proportion des figures qui y
conviendroit ?

Si on cherche une regle pour la
fixer, dans le problême d'optique
dont jufqu'ici on a fait ufage, on
trouvera des proportions monftrueu-
fes, fur-tout pour celles qui feront
placées à diverfes hauteurs, ainfi
qu'on l'a fait voir. Si on la cherche
dans la perfpective, on trouvera

[1[C'eft cependant le véritable point
de vue pour lequel on devroit travailler,
comme celui où naturellement on fe pla-
cera pour regarder, tant à droite qu'à
gauche.

qu'il faut doubler la grandeur de la
figure dans une distance double, pour
avoir la même apparence. Mais,
comme il faut observer en même
tems que nous combinons naturellement la grandeur de l'image de la
figure avec la distance où nous la
voyons, & qu'ainsi si la figure est
grande, nous la jugerons telle ; que
d'ailleurs, s'il est vrai qu'on pourra
voir cette figure de la plus grande
distance que donne la nef, on pourra
aussi la voir de plusieurs points beaucoup plus prochains ; qu'en même
tems que celui qui seroit placé au
point le plus éloigné, n'y trouveroit
peut-être rien d'excessif, celui qui
s'en trouveroit plus proche seroit
choqué d'une aussi grande dispropor-
tion avec la nature humaine : il s'en
suit qu'il faut prendre un milieu entre la grandeur de six pieds & celle
de douze ; c'est-à-dire, que les figures
seroient d'une grandeur convenable

ſi elles avoient neuf pieds ; que celui qui les verroit de près, excuſeroit leur grandeur, à cauſe du lieu vaſte où elles ſont placées, & que celui qui les verroit du point le plus éloigné, ſentiroit que ſi elles lui paroiſſent ſuſceptibles de pouvoir être plus grandes, c'eſt parce qu'il en ſeroit fort éloigné. Cette diminution l'aideroit à juger de la grandeur de l'eſpace, & il concevroit ſur le champ que l'égliſe eſt d'une grandeur extraordinaire. L'effet qui en réſulteroit, ſeroit l'étonnement que produit toujours la majeſté de l'édifice ; étonnement qu'ont droit d'exciter les grandes choſes, & que l'on n'éprouve dans *S. Pierre de Rome*, qu'après des réflexions qui ſuivent l'examen des détails.

Mais, quelle que ſoit la grandeur que l'on voudra fixer aux figures, c'eſt-à-dire, ou la proportion que nous propoſons, ou même une plus

grande encore , il fera toujours ridicule de l'augmenter à mefure qu'elles
s'éleveront. Ces figures font en quelque maniere les habitans fictifs de cet
édifice , & ne doivent point grandir ;
à quelque étage qu'on les place. Il en
eft de même des figures que les peintres exécutent dans les plafonds ; elles
doivent être affujetties à la grandeur
donnée des figures d'en bas.

ÉLOGE historique de M. MASSÉ, peintre en miniature, conseiller de l'académie royale de peinture & sculpture, garde des plans & tableaux du cabinet du Roi. Par M. COCHIN, secretaire perpétuel de la même académie. 1771.

LA mémoire de l'habile artiste dont je vais parler, est précieuse à plusieurs titres. De rares talens réunis aux qualités les plus estimables & à toutes les vertus sociales, voilà le fond du tableau que j'entreprends d'ébaucher. Il seroit à desirer, sans doute, pour l'honneur de M. Massé, pour celui de l'art, & pour la satisfaction de ceux qui s'intéressent à l'un & à l'autre, qu'une plume plus exercée que la mienne se fût chargée de son éloge historique. Le *Nécrologe* de 1768, contient une prétendue vie de M. Maſſé, qui n'eſt qu'un tiſſu d'anecdotes, la plupart ridicules ou fauſſes. On y parle d'une paſſion de cet artiſte pour la fille d'un de ſes amis, dont ni ſa famille ni ceux qui devroient en être le mieux inſtruits, n'ont jamais rien apperçu. C'eſt une ſuite de la précipitation des auteurs chargés d'écrire à jour nommé ces ſortes de vies, ſans ſe donner le tems de ramaſſer des mémoires ſûrs. Pour moi, j'expoſerai ſimplement ce qu'une longue liaiſon & l'amitié particuliere, dont m'honoroit M. Maſſé, m'ont mis à portée de connoître de ſa perſonne, de ſa fortune, de ſes habitudes, de ſes travaux, &c.

JEAN - BAPTISTE MASSÉ, né à Paris le 31 décembre 1687 [1], étoit fils d'un marchand joaillier, & le troiſieme de quatre freres. Ceux-ci ſui-

[1] Le Nécrologe des hommes célebres marque le 29 décembre.

virent le commerce, & ils l'ont fait
avec diftinction ; le premier à Paris ,
le fecond en Hollande, le dernier en
Angleterre.

Celui dont je parle, eut dans fa
jeuneffe une fi forte inclination, un
goût fi marqué pour le deffin & la
peinture, que, dans le cours de fes
humanités, il rempliffoit toutes les
marges de fes livres claffiques de petits deffins ; & qu'après avoir fini
fes études, il defira de fe livrer entiérement à celle des arts. Son pere,
qui avoit d'autres vues fur lui, n'y
confentit qu'avec peine. Il étoit en
état de lui laiffer un commence-
ment de fortune affez confidérable ,
& la peinture en général ne lui paroif-
foit pas un moyen de l'augmenter
bien rapidement. Cependant l'ardeur
du jeune homme s'enflammoit encore
par la réfiftance ; il cherchoit à le-
ver tous les obftacles. La peinture en
émail tient en quelque forte au bijou ;

ce fut le moyen que faifit le jeune Maffé pour fe rapprocher des intentions de fon pere, fans renoncer à fon goût. Son pere au moins connoiffoit mieux les avantages de ce talent; il pouvoit lui paroître plus propre à lui procurer l'état d'aifance qu'il cherchoit à lui ménager. A force d'importunités, il parvint à fe faire placer chez M. *Chatillon*, peintre en émail, alors affez célebre.

Le jeune éleve fit de rapides progrès dans la peinture & dans la gravure, parce que fon maître pratiquoit également ces deux arts. Lorfque M. Maffé fe vit en état de pouvoir fe produire dans le monde, il exerça les deux talens; ils fe fuccédoient l'un à l'autre, & toujours avec fuccès. Il a gravé plufieurs planches, & entr'autres un des fujets de la galerie du Luxembourg : mais celui des deux arts où il réuffit le mieux, & qu'il fuivit plus particulié-

rement, ce fut la peinture en émail.
On a de lui, dans ce genre, des portraits & des petits sujets très-pré-
cieux. Cependant la lenteur du travail & les accidents auxquels il est
exposé par les opérations du feu, lui
firent abandonner l'émail pour se livrer à la miniature. Ce genre de
peinture moins long, & d'un succès
toujours assuré lorsqu'il est soutenu
de vrais talens, lui procuroit des
avantages moins pénibles & plus certains : il s'y dévoua donc sans partage, & laissa bien loin derriere lui
tous ceux qui couroient alors la
même carriere.

M. Massé avoit le talent particulier
de rendre les femmes agréables, & en
même tems assez ressemblantes pour
être reconnues au premier coup-
d'œil ; ce qui lui donnoit la plus
grande vogue. Aussi se trouvant
surchargé, il occupoit plusieurs
autres peintres en miniature, dont il

ne faifoit que retoucher le travail. C'eft par cette raifon qu'il fe trouve quelques deffus de boîtes de fujets galans, peu dignes de fes autres ouvrages ; la plupart font de fes éleves, il ne faifoit que les retoucher : mais c'eft dans les portraits qui font très-nombreux, que l'on eft prefque toujours fûr de retrouver vraiment fes talens.

Il aimoit tous les plaifirs de la fociété ; mais s'ils lui déroboient quelquefois un tems précieux, il le réparoit en peignant à la lumiere de la bougie. Il s'en étoit fait une telle habitude, qu'il jugeoit très-fûrement de l'effet que les tons qu'il employoit devoient faire au jour naturel, & qu'il ne s'y trompoit jamais. Il prétendoit même y trouver un avantage, en ce que les ombres fortes que produit la lumiere artificielle, lui donnoient des formes plus déci-

dées

dées pour faisir les principaux traits de la reffemblance.

Lorfque M. Maffé s'attacha entiérement à la peinture, il jouiffoit déja d'une fortune affez confidérable pour le tems, telle qu'à peine les peintres les plus laborieux & les plus employés pouvoient l'obtenir alors à la fin de leur vie. Un honnête patrimoine, joint à dix-huit ou vingt-mille francs que fon talent pouvoit lui produire, le mettoient dans un état d'aifance dont il faifoit un très-noble ufage. Il s'habilloit magnifiquement & du meilleur goût ; il étoit même quelquefois d'une propreté fi délicate & fi recherchée, qu'elle lui attiroit les plaifanteries de fes amis. C'étoit une fuite naturelle des liaifons que lui donnoient fon aifance & fes accès à la cour.

Il voyoit d'ailleurs la compagnie la la plus agréable & la plus diftinguée, & il en avoit pris le ton de la plus

L

grande politeſſe. Les artiſtes qui ſont, ordinairement, ſur-tout entr'eux, plus unis & plus ſimples, y trouvoient quelqu'affectation; mais elle n'étoit en lui que l'effet d'une habitude délicate & ſenſible, perfectionnée par l'uſage du monde. C'étoit peut-être auſſi l'effet naturel du deſir de plaire au beau ſexe, dont il paroiſſoit occupé. En effet, il étoit très-galant; & la délicateſſe, les agrémens joints à l'honnêteté qu'il apportoit dans le commerce des femmes, faiſoient qu'il en étoit chéri.

M. Maſſé étoit trop diſtingué dans ſon genre, pour que l'on ne s'apperçût pas qu'il manquoit à l'académie. Elle deſiroit donc de l'acquérir; mais un vieux préjugé qui régnoit encore, lui donnoit quelque répugnance d'admettre dans ſon ſein le talent de la miniature. Il ſembloit que cette compagnie n'étoit point alors regardée comme le point de réunion où devoient tendre tous ceux qui excelloient dans les arts du deſſin, mais ſimplement comme un corps d'artiſtes deſtinés à l'enſeignement public. Maintenant il paroît qu'on veut y admettre pluſieurs talens imitateurs de la nature, ſuſceptibles d'art, de goût, & de ſentiment dans l'exécution, lorſqu'ils ſont dans un degré éminent. M. Maſſé ayant préſenté de ſes ouvrages, il fut agréé avec applaudiſſement le 30 juin 1714 : mais pour concilier cette diſtinction qu'il devoit particuliérement à l'eſtime générale qu'il s'étoit acquiſe, avec l'opinion que l'on avoit de ſon genre, on exigea qu'il donneroit pour ſa réception deux planches gravées. M. Maſſé, comme on l'a dit, avoit en effet appris la gravure par amuſement & parce que ſon goût le portoit à tout ce qui demandoit du ſoin & le plus grand fini. En conſéquence, il grava, peut-être avec quelque ſecours, le portrait de M. Coypel (1) ; & la planche étant fort chargée d'ouvrage, il fut difpenfé d'en graver une feconde, & reçu le 30 juillet 1717. Cependant comme c'étoit, dans le fond, fon talent pour la peinture qui le faifoit recevoir, on eut foin d'infcrire fur le regiftre, qu'il avoit donné des preuves de capacité dans les deux talens. Par cet arrangement, l'académie a été privée de deux morceaux de miniature qu'elle pouvoit avoir de cet habile artifte. Ces morceaux, véritablement de fon genre, auroient confervé parmi nous l'idée de fes rares talens ; ils feroient même d'autant plus intéreffans aujourd'hui, que fes ouvrages étant difperfés & renfermés comme des bijoux, il eft rare d'en rencontrer.

Par une fuite de cette eftime que l'académie eut toujours pour lui, &

[1] Antoine Coypel, premier peintre du Roi.

qui n'a fait qu'augmenter, dans l'af-
semblée du 2 juillet 1740 M. Maffé
fut élu confeiller : place qu'il a très-
dignement remplie. Ses avis étoient
toujours dictés par cet efprit de con-
ciliation qui lui étoit naturel, comme
ils étoient propofés avec le ton de
décence & la politeffe qui faifoit le
fond de fon caractere.

M. Maffé fut appellé à la cour, &
il y eut les fuccès les plus flatteurs
pour fa gloire. Il peignit plufieurs
fois Leurs Majeftés, qui l'honorerent
de bontés particulieres , & il fut
chargé de tous les portraits dont le
roi faifoit des préfens.

M. le duc d'Antin lui avoit fait
efpérer un logement aux galeries du
Louvre ; je crois que c'étoit celui de
M. Chatillon. Lorfqu'il vint à va-
quer, l'ambaffadeur de Suede demanda ce logement pour M. Mat-
thieu , Suédois , peintre en émail,
qui ne pouvoit en aucune maniere

ſoutenir la comparaiſon avec M. Maſſé; mais comme les circonſtances exigeoient alors qu'on eût de grands
ménagemens pour la Suede, on ne
voulut pas refuſer ſon miniſtre, &
la protection l'emporta ſur le mérite
reconnu. Depuis, M. Maſſé ayant
fait des dépenſes aſſez conſidéra-
bles dans le logement qu'il occupoit à la place Dauphine, il n'en
ſollicita plus d'autre au Louvre, ſi
ce n'eſt à la mort de M. Coypel,
comme je le dirai dans la ſuite.

L'habitude où, par ſes fréquens
voyages à Verſailles, il étoit d'en par-
courir les appartemens & d'y voir les
grands ouvrages de Lebrun, lui fit
naître l'idée de faire graver la belle galerie où les principales actions du regne
glorieux de Louis XIV ſont repré-
ſentées en allégories. L'étendue d'une
pareille entrepriſe ne l'effraya point.
Il avoit pour ami M. Godefroy,
joaillier fort riche, qui ſaiſiſſoit avec

ardeur les projets qui préfentoient quelque chofe de noble & de grand; il fut l'engager à s'affocier avec lui.

Toute la cour applaudit à ce beau projet, & tout fembloit lui en affurer le fuccès. Il n'eft pas douteux, en effet, que fi les ouvrages de gravure pouvoient être exécutés avec la promptitude qui feroit néceffaire pour profiter du premier feu des amateurs, cette entreprife n'eût été l'une des plus avantageufes que l'on pût faire en ce genre, & richement récompenfée ; mais la lenteur de l'exécution en fit connoître les difficultés. Les deffins furent plufieurs années à faire. M. Maffé, qui n'y épargnoit rien, employa les deffinateurs les plus célebres qu'il y eût alors, & entr'autres M. Nattier. Cependant il fut obligé d'achever fes deffins lui-même!, parce que ces artiftes n'étoient pas accoutumés à finir affez leurs ouvrages au crayon, pour que leurs deſſins puſſent être exécutés en gravure de même grandeur. Enſuite la difficulté du travail pour les graveurs même, a fait extrêmement prolonger l'ouvrage ; ils le ſuſpendoient toutes les fois qu'il s'en préſentoit quelqu'autre plus facile ou plus lucratif.

Comme les deſſins étoient précieux, M. Maſſé ne les confioit que ſous une glace, dont il exigeoit qu'ils reſtaſſent couverts ; précaution très - néceſſaire, ſans doute, pour les conſerver : mais il falloit que les eſtampes préſentaſſent le même ſens que les tableaux ; il étoit donc indiſpenſable, en gravant, de regarder les deſſins dans un miroir ; or ces deux glaces interpoſées, empêchoient le graveur de voir nettement l'original, ce qui nuiſoit à l'exactitude que M. Maſſé demandoit.

D'autres obſtacles retarderent encore l'exécution de ce grand ouvrage

& découragerent les graveurs. M. Maffé qui, par trop de modeftie, ne fe fioit pas à lui-même autant qu'il auroit pu le faire, s'adreffa, pour conduire fes gravures, à plufieurs des meilleurs peintres de fon tems.

La retouche des épreuves, toute aifée qu'elle paroît, parce qu'avec du blanc & du noir on produit tous les effets qu'on defire, a pourtant fes difficultés, fur-tout pour fe concilier avec l'ouvrage déja établi. Car fi l'on n'a pas cette attention, le graveur dérouté, n'a fouvent d'autre reffource que d'effacer une partie de fon travail pour le refaire, & prefque toujours le fecond ouvrage fe reffent de la fatigue éprouvée par l'artifte.

C'étoit principalement à M. Le Moine [1], que M. Maffé avoit donné fa confiance pour la conduite de fes eftampes. La gravure avoit

____

[1] François Le Moine, premier peintre du Roi.

été commencée fur des deffins où
l'effet de la lumiere, indiqué par les
originaux de Lebrun, avoit été fcru-
puleufement fuivi. M. Le Moine, plus
colorifte, avoit de toute autres idées
de l'effet. Il aimoit à étendre les
reflets, & à tenir les ombres tendres
dans les chairs & fur les devants ;
mais la gravure avoit été préparée
pour des ombres vigoureufes. M. Le
Moine, avec un goût de deffin extrêmement agréable, y répandoit,
par le moyen du blanc, des douceurs
qui faifoient un effet charmant, &
M. Maffé defiroit qu'il fût donné à
fes planches. Or le graveur, obligé
d'effacer & de refaire fon ouvrage,
étoit défolé. Il n'eft prefqu'aucune
de ces planches qui n'ait coûté le
double du tems qui auroit fuffi fans
ces changemens. Auffi fut-on obligé
d'accorder des dédommagemens aux
graveurs, fouvent même de faire
achever les planches par d'autres,

parce que les premiers étoient rebutés ; enforte que l'on employa vingt-fept années à ce travail, avant de pouvoir le mettre au jour.

Les plus belles années de la vie de M. Maffé furent confacrées à cette pénible entreprife. Ainfi, loin d'être utile à fa fortune, elle en a empêché l'augmentation, en interrompant l'exercice d'un talent agréable & lucratif, qui fuffifoit pour l'enrichir ; celui de la miniature. D'un autre côté, M. Godefroy, qui faifoit les fonds néceffaires, ayant fupporté la perte des intérêts de fes premieres avances pendant près de trente ans, on voit que s'ils ont eu la gloire d'achever une des plus belles & des plus grandes entreprifes qui aient été faites en gravure, elle a dû leur coûter bien cher.

J'eus le bonheur en 1748, tems où l'ouvrage étoit à fa fin, de rendre à M. Maffé un petit fervice qui refferra les nœuds de l'amitié dont il m'avoit honoré presqu'au sortir de mon enfance. Il avoit jugé nécessaire d'ajouter à la suite de ses gravures une planche contenant le développement géométral de la galerie, pour donner comme en raccourci, l'ensemble de tous les sujets & une idée du local. M. Laurent, graveur d'un talent distingué, & dessinateur exact, fut chargé de cet ouvrage. Il fit des préparations très-longues, & peut-être même excessives, pour placer avec plus de justesse tous les sujets dans leurs cadres. Toute cette précision lui coûta beaucoup plus de tems qu'il ne l'avoit présumé ; de sorte qu'il ne se trouvoit plus suffisamment payé de son travail par le prix dont il étoit convenu. Il est vrai que M. Massé ne lui avoit demandé qu'un trait ressenti ; mais il avoit entendu par là un trait soutenu de petites ombres, pour indiquer l'effet du tableau,

& M. Laurent ne comptoit faire qu'un trait fimple, à peu près comme ceux d'un deffin de broderie.

L'ouvrage fut long-tems entre les mains de M. Laurent, & dans cet intervalle il fut attaqué d'une maladie de poitrine. Comme il dépériffoit de jour en jour, il fut enfin hors d'état de continuer un travail que la grandeur du cuivre & la petiteffe des objets rendoient très - pénible. M. Laurent eftimoit alors que les quatre cinquiemes de l'ouvrage étoient faits , au lieu que , felon M. Maffé , il n'étoit pas même à la moitié. Cette pofition étoit fort embarraffante pour deux hommes également honnêtes, & l'un & l'autre ennemis de toute conteftation. D'autre part , la fituation de M. Laurent étoit fi trifte à tous égards, qu'il y auroit eu une forte d'inhumanité à lui contefter ce qu'il croyoit lui être dû.

M. Maffé, dans ces circonftances,

s'adreſſa à moi ; un peu de facilité ; beaucoup d'habitude , & quelque hardieſſe à franchir les difficultés me mirent bientôt en état de le tirer d'affaire. M. Laurent fut payé comme il le ſouhaitoit , & le reſte de la ſomme deſtinée à la dépenſe de l'ouvrage , ſuffit pour faire exécuter ce que M. Maſſé deſiroit. Je complettai ce trait ; je retravaillai les parties déja tracées , & j'ombrai le tout. Comme je partis alors pour l'Italie , la planche fut retouchée par M. *Ingram* , graveur très-habile , qui dans ce tems-là travailloit avec moi.

Auſſi-tôt que parut la galerie de Verſailles , elle eut tout le ſuccès qu'on en devoit attendre , & s'attira l'admiration du public ; mais le produit de la diſtribution ne fut point proportionné aux avances. M. *Charles Coypel* , premier peintre du Roi, fit connoître M. Maſſé à M. *de Tournehem* , alors directeur général des bâtimens du Roi ; il lui fit valoir tous les facrifices que cet artifte avoit faits, en négligeant fa fortune, pour avoir l'honneur d'achever cette inté-reffante entreprife. Il lui propofa de venir à fon fecours, en faifant pour le Roi l'acquifition des deffins origi-naux de la galerie. M. *de Tournehem*, qui aimoit à encourager les arts, fe porta volontiers à faire ce bien, & les deffins furent achetés la fomme de 50000 livres.

Peu de tems après, c'eft-à-dire, à la mort de M. Coypel, en 1752, j'eus une nouvelle occafion de connoître encore la véritable amitié que M. Maffé avoit pour moi. Quelques amis l'exciterent à demander pour lui le logement que cette mort laiffoit va-cant aux galeries du Louvre. Il étoit plus grand que les autres, & c'étoit par conféquent le feul qui pût con-venir à M. Maffé. Il en fit effective-ment la demande à M. le marquis de

Vandieres, depuis M. le marquis de Marigny ; mais d'une maniere si obligeante pour moi, que je n'ose rapporter le fait, sans y joindre une sorte d'excuse sur ce qui m'est personnel. M. Massé me fit part de l'idée qu'on lui suggéroit, & qu'il balançoit à suivre, dans la seule crainte de me nuire, parce qu'il y avoit bien de l'apparence qu'on pourroit jetter les yeux sur moi pour me gratifier de ce logement. J'avois sans doute des espérances, mais nulle certitude encore d'obtenir cette distinction. Je desirois donc sincérement que, si le logement ne m'étoit point destiné, il pût au moins tomber à un homme qui le méritoit autant que lui, & que j'en verrois en possession sans aucun regret. En conséquence je le pressai de ne point tarder à faire connoître les vues qu'il pouvoit avoir sur le logement.

M. Massé, qui ne pouvoit plus reculer,

culer fans fe manquer à lui-même,
dit à M. le directeur général, que
la deftination de ce logement pouvant me regarder plus que perfonne,
il n'en faifoit la demande qu'en fup-
pofant que quelqu'autre motif l'eût
déterminé à différer le bienfait qu'il
me deftinoit, également fatisfait d'ailleurs fi je l'obtenois dès-à-préfent,
comme s'il en étoit gratifié lui-même.
Il le penfoit fincérement; car il témoigna la plus grande fatisfaction,
lorfqu'il apprit que le choix étoit
tombé fur moi.

M. Maffé avoit entiérement re-
noncé à la miniature plus de vingt
ans avant fa mort, parce qu'il avoit
eu mal aux yeux. Il avoit demandé
lui-même à la Cour, à n'être plus
chargé des portraits du Roi, & on
lui accorda pour retraite une penfion
de 800 livres. C'eft à cette maladie
des yeux qu'il faut rapporter une
anecdote que je tiens de M. Maffé

même. Il y avoit alors un très-cé-
lebre oculiste (je crois que c'étoit
M. Gendron) qui étoit entiérement
retiré, & qui ne vouloit plus faire
aucun usage de ses connoissances ; on
ne pouvoit rien obtenir de lui, ni
par argent ni par protection. Cet oculiste étoit curieux, même connoisseur,
& il aimoit les belles choses. M. Massé
s'introduisit chez lui, sous prétexte
de lui faire voir quelques morceaux
dignes de sa curiosité. L'oculiste,
admirant & louant ces ouvrages avec
l'enthousiasme de l'amateur, M. Massé
saisit ce moment pour lui dire que
l'artiste, capable de produire ces
ouvrages qui lui plaisoient tant,
étoit près de perdre la vue, s'il lui
refusoit son secours ; & s'étant nommé, ils devinrent amis.

M. le marquis de Marigny, qui
honoroit M. Massé d'une estime particuliere, lui avoit fait obtenir une
nouvelle pension de 1200 livres.

Depuis encore (en 1759) pour ré-
compenfer fes longs fervices & le
dédommager des facrifices qu'il avoit
faits, il lui fit donner la place de
garde des plans & tableaux du cabinet de la furintendance de Verfailles.
J'en fus inftruit par une lettre de
M. le directeur général, & j'allai
fort à propos chez M. Maffé. Il n'a-
voit point demandé cette place, & il
étoit pénétré des bontés de M. de
Marigny ; mais il craignoit d'être
obligé d'aller demeurer à Verfailles :
feptuagénaire, & accoutumé à vivre
avec un petit nombre d'amis auxquels il étoit fort attaché, il n'envi-
fageoit pas fans effroi cette privation.
Je le raffurai fur fes craintes ; je m'a-
vançai jufqu'à lui dire qu'il n'y avoit
pas d'apparence que M. de Marigny,
qui n'ignoroit ni fon âge, ni fes habitudes, exigeât de lui de quitter
Paris ; qu'il ne s'agiroit que de trouver quelqu'ami digne de confiance ;

qui voulût bien ſe charger de remplir les devoirs de cette place ; qu'elle ne feroit pour lui, de cette maniere, qu'une augmentation de fortune & une marque de diſtinction de la part du ſupérieur. Je lui fis obſerver que je craignois qu'il ne fît une peine ſenſible à un protecteur prévenant, dont l'unique but avoit été de l'obliger, ſi, dans le premier moment du bienfait, il lui faiſoit quelqu'objection. Cette repréſentation entroit bien dans la façon de penſer de M. Maſſé, car perſonne n'étoit plus reconnoiſſant de tout ce qu'on faiſoit pour lui. Il le témoigna vivement à M. Perrier, premier commis des bâtimens, qui vint, pendant que j'y étois, lui remettre la lettre de M. le directeur général. Peu de tems après, M. Maſſé, avec l'agrément du ſupérieur, engagea M. Jeaurat, ſon ami, à s'établir à Verſailles, en lui cédant partie de ſes appointemens ; à quoi

M. le directeur général ajouta quelqu'augmentation, avec la certitude de la survivance.

Les fentimens de bienfaifance & d'humanité, qui faifoient le fond du caractere de notre artifte, lui infpirerent, en 1763, un acte de générofité qui rendra fa mémoire toujours chere à l'académie. M. Maffé, après m'avoir fait part de fes vues, m'écrivit une lettre pour être mife fous les yeux de cette compagnie. Il y montroit tout le defir qu'il confervoit depuis long-tems, de faire agréer à l'académie un exemplaire de fa galerie de Verfailles. Dans la même lettre, après quelques réflexions fur « l'état brillant où cette » compagnie d'artiftes eft mainte- » nant fous la protection immédiate » du roi, & fous l'adminiftration de » M. le marquis de Marigny, dont la » bienfaifance éclairée va au-devant » de tout ce qui peut contribuer à

» l'honneur des arts & à l'avantage
» des artistes; il ajoutoit qu'on ne
» peut se dissimuler que les talens
» ne sont pas toujours favorisés de
» la fortune, & que l'on a vu plus
» d'une fois des artistes, même dis-
» tingués, d'une conduite irrépro-
» chable, laisser des veuves & des en-
» fans dans l'indigence, & réduits à la
» triste nécessité d'avoir recours aux
» quêtes annuelles qui se font parmi
» nous ». Il proposoit donc de faire
un fonds destiné à prévenir cette hu-
miliation; & si le projet paroissoit
praticable à l'académie, il offroit
d'y contribuer le premier, d'une
somme de deux mille livres. Enfin,
il prioit l'académie de vouloir bien
accepter son portrait en buste, mo-
delé par le célèbre M. Le Moine. L'a-
cadémie reçut avec la plus vive re-
connoissance, des témoignages d'atta-
chemens si précieux, & des offres si
généreuses. La somme a été placée
suivant son intention.

Le but de M. Maffé n'étoit pas feu-lement de fatisfaire fon cœur qui fut toujours excellent, & de fuivre les mouvemens de fa bienfaifance ; il vouloit donner un exemple qui ne fût pas infruaueux, & avoir des imitateurs : il eut bientôt cette con-folation. M. de Julienne, amateur honoraire, qui étoit fon ami, fut le premier à fuivre fon exemple. Dans le don qu'il fit à l'académie, d'une fomme de 15000 livres pour diftri-buer des jettons dans les principales affemblées, il ftipula que les jettons reftans par l'abfence des membres, ne feroient point partagés entre les pré-fens, mais qu'ils feroient réfervés pour en ajouter la valeur au revenu fondé par M. Maffé en faveur des veuves & des enfans des artiftes aca-démiciens.

M. Maffé, dans les dernieres an-nées de fa vie, fe faifoit un amufe-ment d'enfeigner le deffin & la peinture aux deux filles de M. Pierre Maſſé, ſon neveu, qui lui étoient fort attachées, & qui lui faiſoient compagnie avec une aſſiduité touchante. Il ſe remit lui-même à deſſiner, & fit quelques deſſins qui ſe reſſentent peut-être un peu de ſa vieilleſſe, mais dans leſquels on retrouve encore des graces, du ſavoir, & la plus agréable propreté de crayon.

M. Maſſé ſe vit dépérir peu à peu : il vit la mort s'approcher à pas lents, ſans en être effrayé. On remarquoit en lui cette fermeté, ce courage qu'ont d'ordinaire les gens de bien qui n'ont rien à ſe reprocher, & qui ſoutiennent leur eſpérance. Dans cet état d'affoibliſſement, la préſence de ſes amis ſembloit lui rendre & ſes forces & ſa gaieté. Un jour, je tâchois de ranimer ſa confiance en lui faiſant eſpérer du tems, ce que je n'eſpérois plus moi - même ; il me

répondit

répondit par ces vers du singulier sonnet d'Oronte dans le Misantrope:

Mais, belle Iris, on désespere
Alors qu'on espere toujours.

Malgré les douleurs que lui faisoient éprouver une maigreur excessive, & tous les momens de sa destruction, il conserva sa présence d'esprit jusqu'à celui de sa mort, qui fut le 26 septembre 1767. Il étoit âgé de soixante - dix - neuf ans neuf mois.

M. Massé a certainement été le plus grand peintre en miniature qu'il y ait eu dans ces derniers tems. C'étoit un de ces artistes rares, qui paroissent faits pour servir de modele aux autres, & qu'on n'ose presque se flatter de pouvoir jamais égaler. Ceux qui trouveroient cet éloge exagéré pour un artiste qui n'a pratiqué que ce que quelques-uns appellent de *petits talens*, doivent faire une

grande diſtinction entre les petits talens & les *talens* en petit. Ces derniers ſont quelquefois de grands talens appliqués à de petits objets; tels
étoient ceux de M. Maſſé. La légéreté, la fineſſe & la beauté de ſon
coloris ſont au plus haut degré de
l'art, & le plus précieux fini met le
ſceau à leur perfection. Sa ſcience
dans le coloris a brillé particuliérement dans pluſieurs têtes de perſonnes pâles; on y voit la nature la
plus ingrate toujours rendue avec
grace, & la difficulté complettement
ſurmontée. C'eſt là ſur-tout {qu'on
admire cette variété de tons, de
paſſages doux, preſque ſans couleur,
peints & fondus avec un art infini.

Il ſaiſiſſoit bien la reſſemblance,
ſeulement par les formes principales,
& par ce qui caractériſe en général
l'air de la perſonne. Il ſupprimoit les
détails, & paroiſſoit en quelque ſorte
avoir, de la peinture du portrait

l'idée que nous avons de la peinture de l'histoire ; il cherchoit à rectifier la nature & à l'embellir. Voilà sans doute aussi pourquoi ses ouvrages ne présentent point ce caractere de vérité qui frappe dans ceux de *Rimbrand*, & de quelques autres peintres, imitateurs exacts de la nature. Il substituoit à cette précision d'autres beautés non moins estimables, en joignant à des formes simplifiées & annoblies, les graces d'un deffin coulant, qui, joint avec sa couleur, rendent ses tableaux extrêmement féduifans.

Pour ne rien diffimuler, j'ajoute qu'il étoit un peu maniéré dans le caractere de fon deffin. Toutes fes têtes, quoique d'après différentes natures, fe reffembloient à plufieurs égards. C'étoit l'inévitable effet de ce goût d'embelliffement dont il s'étoit impofé la loi, & qu'il portoit peut-être trop loin. Cela pouvoit aussi provenir de ce que, pour ne pas fatiguer les personnes qu'il peignoit, il prenoit peu de séances, & faisoit souvent ses portraits presqu'en entier sans autre modele qu'un dessin fait d'après nature avec assez de vîtesse. Mais comme sa maniere étoit remplie de graces, les dames qu'il faisoit toujours belles, étoient sans doute bien éloignées de lui reprocher des défauts d'exactitude ; & les hommes, sans paroître aussi susceptibles de cette foiblesse, lui savoient pour leur compte très-bon gré de l'heureuse habitude où il étoit de tout embellir.

Les ajustemens de ses portraits étoient peints avec plus de facilité que de vérité, parce que la plupart étoient faits de génie. C'étoit la mode de son tems ; car il est des modes même dans les arts. Tous les ajustemens alors étoient fictifs & de pur caprice, comme on peut le voir dans les tableaux des plus habiles peintres ſes contemporains , dans ceux de MM. Largilliere, Rigaud, Belle & Nattier. Pour les hommes, c'étoit preſque toujours une draperie de velours jettée ſur une veſte ; les femmes étoient ornées d'une robe ceinte comme les habits de théatre, & de quelques draperies d'étoffes légeres, agencées artiſtement par-deſſus. Or, en ſuppoſant qu'il en reſultât quelqu'effet pittoreſque, on y perdoit la vérité de l'imitation & le coſtume des habillemens.

M. Maſſé étoit de grande & belle taille, & d'une figure agréable. Quoique d'un tempérament délicat, il avoit preſque toujours joui d'une aſſez bonne ſanté, par la modération qu'il avoit apportée dans l'uſage de tous les plaiſirs. Il y cherchoit ſur toutes choſes le ſentiment & la délicateſſe. On pouvoit lui appliquer l'éloge que Plutarque fait de Paul-Emile, lorſqu'il le loue, comme

d'une vertu, de ce qu'il favoit ordon-
ner un repas avec goût. M. Maffé
avoit toute fa vie facrifié aux Graces;
elles n'abandonnerent point fa vieil-
leffe, qui ne fut pas moins aimable,
à plufieurs égards, que celle d'Ana-
créon.

Econome & réglé dans fa conduite, il tenoit fes affaires dans le
plus grand ordre; ce qui ne l'empêchoit pas d'être généreux quand il le
falloit, & de produire efficacement
dans les occafions les fentimens d'humanité dont il étoit rempli. Il fou-
tenoit la dignité de fon art, mais fans
orgueil, & moins pour lui-même
que par l'eftime qu'il faifoit de ceux
qui l'exerçoient avec quelque diftinction. Une perfonne de confidéra-
tion lui faifoit entendre, un jour,
qu'il fe faifoit payer bien cher. M.
Maffé, à la derniere féance, la pria
d'accepter fon dîner, fous prétexte
qu'il auroit encore befoin de quel-

ques momens après. Il lui fit servir un repas sans superfluités apparentes, mais composé de ce qu'il y avoit de plus rare & de plus cher pour la saison.

Le caractere de M. Massé étoit doux & conciliant. Il avoit été lié d'une amitié intime avec les plus célebres artistes de son tems, & il avoit su se maintenir avec tous, parmi les fréquentes divisions que la jalousie de talent excitoit entr'eux. Il chérissoit généralement tous les hommes d'un mérite distingué ; il auroit desiré pouvoir leur inspirer ces sentimens d'estime & cet esprit d'union qui devroit les porter à se rendre hautement les uns aux autres la justice qu'ils ne sauroient refuser intérieurement au mérite. C'est par cette façon de penser & de se conduire avec tout le monde, qu'il avoit su concilier ses liaisons avec M. Lemoine, depuis premier peintre du roi, &

avec M. de Troy le fils. Ces deux grands peintres, jaloux l'un de l'autre & véritablement dignes émules, ne s'épargnoient point les traits de fatyre. M. Maffé leur rendoit toujours avec quelqu'embelliffement les marques d'eftime qui leur échappoient, quoiqu'affez rarement, l'un pour l'autre; & il adouciffoit les traits d'amertume que d'autres n'étoient que trop foigneux de leur rapporter, quelquefois même en les envenimant.

Qui ne voyoit dans M. Maffé que l'écorce ou les dehors de l'homme, pouvoit le trouver trop recherché, & trop occupé de ces petits foins qui font du moins frivoles. Cependant il avoit l'ame grande & forte; il étoit plein de réflexions & même de philofophie, mais d'une philofophie aimable qui le rendoit infiniment cher à fes amis, & du commerce le plus fûr dans la fociété qu'il aimoit. C'étoit un philofophe pratique, qui en exigeant pour lui-même une vertu févere, favoit tolérer les foibleffes d'autrui. Ses confeils fur la conduite qu'il falloit tenir dans les occafions délicates, étoient toujours fenfés, folides & fondés fur la probité la plus exaête. Il étoit d'une politeffe extrême, & jamais il ne lui échappoit rien de défobligeant pour qui que ce fût. Il avoit le rare fecret de dire tout ce qu'il penfoit des ouvrages de l'art, fans bleffer l'amour propre de l'artifte. Et avant que d'en venir à l'utile critique qu'il croyoit devoir à la confiance qu'on lui marquoit, il épuifoit tous les éloges que pouvoit mériter l'ouvrage.

Les deux fentimens dont fon ame étoit le plus profondément pénétrée, étoient ceux de l'amitié & de la reconnoiffance. Le teftament par lequel il a laiffé à tous fes amis quelques

marques de fon fouvenir , eft rempli
des expreffions les plus obligeantes
& des témoignages les plus flatteurs
de fon attachement pour eux. Il n'a-
voit garde d'y oublier M. le marquis
de Marigny, qu'il avoit toujours
regardé comme fon bienfaiteur &
celui des arts. Il étoit né fi reconoif-
fant, il aimoit tellement à fe remplir
de l'idée de ceux auxquels il étoit
attaché par ce beau fentiment , qu'il
avoit fait faire une bonne copie du
portrait de M. de Marigny , peint par
M. Tocqué, qui eft à l'académie, &
qu'il l'avoit mife en face de fon lit,
pour l'avoir plus fréquemment devant les yeux ; il l'a léguée à M. Sou-
flot. C'eft dans ce même efprit qu'il
a fait un legs particulier à fes parens
établis en Hollande, en reconnoiffance des attentions & des foins qu'ils
s'étoient donnés pour procurer à M.
le marquis de Marigny tous les amu-
femens qui pouvoient lui être offerts

dans ce pays pendant le féjour qu'il y faifoit.

Il a laiffé à M. Godefroy de Villeta-neufe fils ainé de feu fon ami, & poffeffeur des planches de la galerie de Verfailles, celle de fon portrait gravé par le célebre M. Wille, d'après l'excellent tableau de M. *Tocqué*. Cette belle eftampe fera déformais jointe à la collection.

Qu'il me foit permis de manifefter ma reconnoiffance, en ajoutant ici le don que fon amitié l'a porté à me faire par fon teftament. Il m'a laiffé un bel exemplaire relié de la galerie de Verfailles; & trois ouvrages de fa main, deux en émail, & un en miniature.

Enfin, regretté de fes amis & de tous ceux qui l'ont connu, ce que cet eftimable artifte a laiffé de plus précieux, c'eft l'exemple de fes vertus.

TABLE
DES PIECES

Contenues dans ce Recueil.

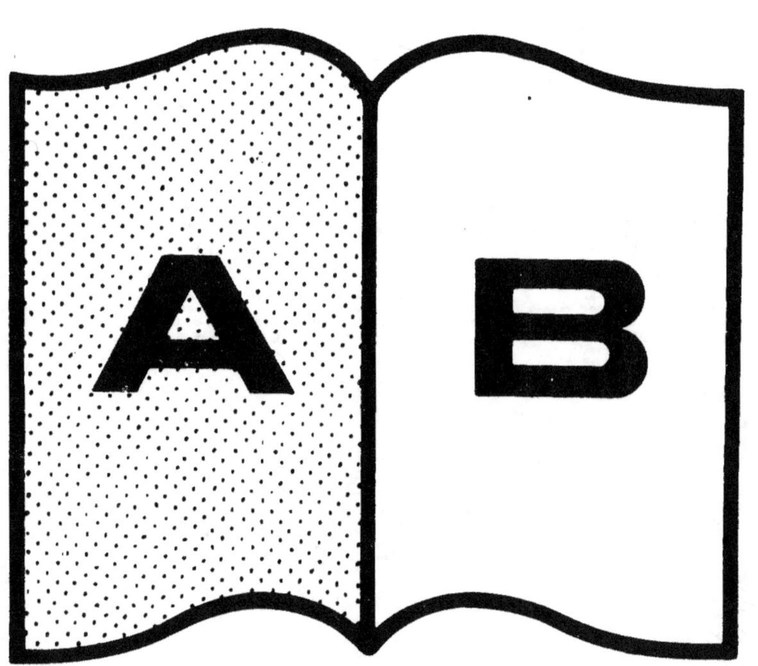

Contraste insuffisant

NF Z 43-120-14

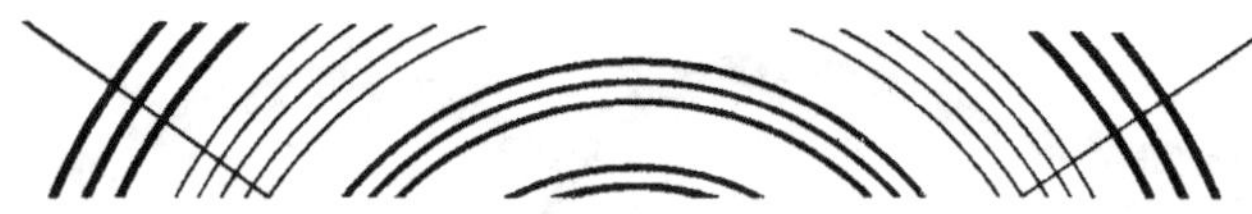

MIRE ISO N° 1
NF Z 43-007
379.89.70
graphicom

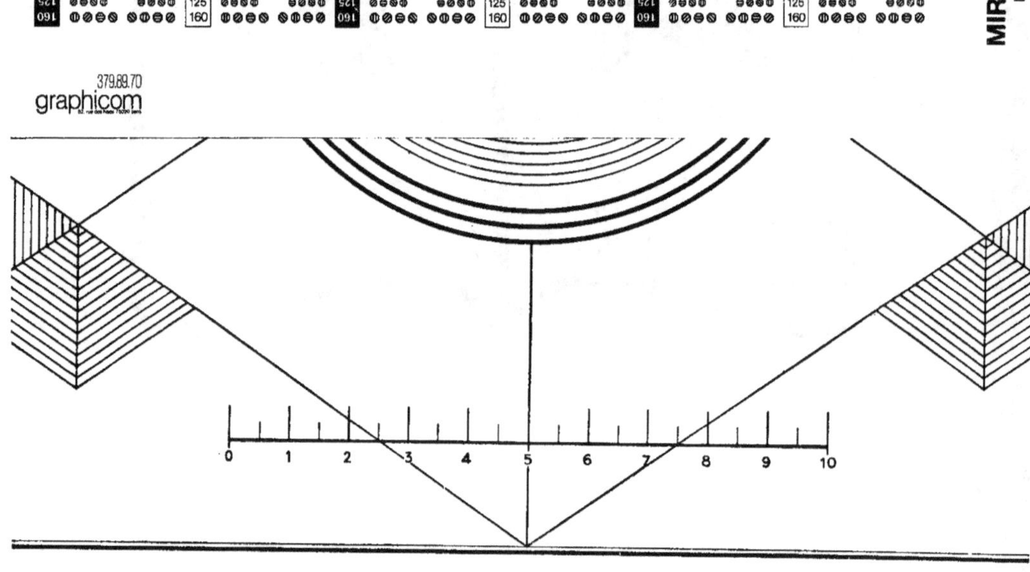

0 1 2 3 4 5 6 7 8 9 10
SERVICE PHOTOGRAPHIQUE